广西中职名师培养工程成果书系



丛书总主编：黄雄彪　文　萍　韦耀波

Zhefu Zhuanxing Tuibian
—Juyou Qiye Beijing de Zhiye Yuanxiao Jiaoshi Qunti Chengzhang Pouxi

# 蛰伏　转型　蜕变

## ——具有企业背景的职业院校教师群体成长剖析

刘仁礼　刘　梅　汪　薇／著

北京理工大学出版社
BEIJING INSTITUTE OF TECHNOLOGY PRESS

**图书在版编目（CIP）数据**

蛰伏 转型 蜕变：具有企业背景的职业院校教师群体成长剖析/刘仁礼，刘梅，汪薇著. —北京：北京理工大学出版社，2015. 4

ISBN 978－7－5682－0124－7

Ⅰ. ①蛰…　Ⅱ. ①刘…②刘…③汪…　Ⅲ. ①职业教育－师资培养－研究　Ⅳ. ①G7115

中国版本图书馆 CIP 数据核字（2015）第 005364 号

出版发行 / 北京理工大学出版社有限责任公司
社　　址 / 北京市海淀区中关村南大街 5 号
邮　　编 / 100081
电　　话 /（010）68914775（总编室）
82562903（教材售后服务热线）
68948351（其他图书服务热线）
网　　址 / http：//www. bitpress. com. cn
经　　销 / 全国各地新华书店
印　　刷 / 保定市中画美凯印刷有限公司
开　　本 / 710 毫米×1000 毫米　1/16
印　　张 / 9. 75
字　　数 / 131 千字
版　　次 / 2015 年 4 月第 1 版　2015 年 4 月第 1 次印刷
定　　价 / 32. 00 元

责任编辑 / 王俊洁
文案编辑 / 袁　臻
责任校对 / 周瑞红
责任印制 / 王美丽

# 广西中职名师培养工程成果书系

## 编委会

# 总 序

秦 斌

富民必先启智，强桂必先强教。职业教育是面向大众、面向工作岗位需求，培养和提高千百万劳动技术大军、培育农村职业技能人才和促进扶贫富民的重要途径，能为我区新型工业化和城镇化提供强有力的支持，其重要性不言而喻。随着职教攻坚计划的实施和国家民族地区职业教育综合改革试验区建设的推进，我区在职业教育体系建设和保障机制建设、职业教育服务能力提升和优化资源配置等方面均取得突破性进展。然而，我区职业教育总体发展水平与人民群众日益增长的教育需求、与经济社会快速发展的迫切需求仍不相适应。因此，必须树立以提高人才培养质量为核心的教育发展观，积极推进职业教育改革创新，而高素质的教师队伍正是提高职业教育质量的关键。

“兴教之道在于师”，教师是教育的第一资源。我区中职教育的改革发展需要加快造就一支师德高尚、业务精湛、结构合理、充满活力的中职教师队伍，这就需要在中职教育一线涌现一批领军人物去引领、感召、辐射和推动，从而带动我区中职教师队伍整体素质的提升和专业化发展。为此，自治区教育厅从 2010 年至 2014 年实施了广西中等职业学校名师培养工程。广西师范大学职业技术师范学院作为此项目的具体实施单位，认真研究中职师资成长规律，采取“五阶段一体化”培训模式，对入选的 100 名培养对象进行了职业教育理念、职业教育教学方法、专业素养与技能、课题研究与科研方法等全方位的系统培训，并组织学员巡讲以发挥其示范和辐射作用，为“广西中职名师”的脱颖而出铺路架桥。

教师的发展与提高，一靠内在动力，二靠外在条件。教师专业化培训是帮助教师学习、提高教育教学技能与实践创新能力的重要途径。广西中等职业学校名师培养工程就是为有发展潜质和强烈进取精神的优秀中职教师搭建一个视野宽广、资源丰富的学习和锻炼的高层次平台，创造一个中职优秀师资集聚的学习型组织、一个共同发展的精神家园。“中职名师”也许并不会随着这项工程培养对象的结业就立即产生，因为“中职名师”需要实践的锤炼和时光的磨砺，需要实绩的证明和社会的认同。但如果被培养者有强烈的自主发展意识，有主动学习的动力，充分珍惜培养机会，积极挖掘自身潜能，认真向导师学习、向实践学习、向同伴学习，不断超越自我、追求卓越，就有可能成为善教学、会研究、有创新、受学生欢迎、受行业认可的中职教育名师。

令人欣喜的是，广西中等职业学校名师培养工程的培养对象作为我区中职教育改革发展过程中的一线优秀教师群体，他们努力探索职业教育教学规律，运用现代职业教育教学思想，在引领教学内容、方法和手段改革、创新课程教材和教学模式、创建校企合作实验实训基地等方面均做出了突出贡献，取得了可喜的成果。而广西师范大学职业技术师范学院在工程的实施过程中，也探索和总结了一系列符合中职教师专业发展规律的师资培训方法和经验，为我区中职师资培养培训积累了宝贵资源。着眼于进一步发挥这一群体的社会贡献，辐射培训基地师资培养经验，“广西中职名师培养工程系列成果集”得以编纂出版，使我区广大中职教育同仁能够共享这一优秀师资培训工程的资源与成果。这套成果集反映出培训学员、专家导师等一个个鲜活的个体形象，他们共同组成一个会学习、会思考、充满责任感和使命感的教师群体和专业化培训团队的集体形象，并总结提炼了这一集体在教育实践中、在发展道路上的感悟、心得与智慧，极有借鉴价值。

中职教师队伍的建设，任重道远；中职教师教育的创新，前路漫漫。诚愿广西中等职业学校名师培养工程的这份成果能在关心我区中职教育的教育工作者和行业、企业界朋友们中引起共鸣、点燃火花，成为我区中职教师队伍专业化发展的助燃剂，进一步激活广西中职教育发展的蓬勃力量和无穷智慧，为促进我区中职教育改革和发展做出贡献。

是以为序，与广大职教同仁共励共勉。

2014 年 6 月 18 日

# 前 言

职业教育与普通教育虽然同属教育范畴，有着共同的规律，但职业教育有着自身的发展规律和特点，有其特殊性。要做一名合格的职业院校“双师型”教师应具有良好的职业素养，主要包括职业道德、文化素养、教育科学理论素养、职业意识、现代职业教育理念等方面；同时，应具有胜任职业教育教学的专业能力，主要包括教学能力、专业能力、育人能力、组织管理能力、教育科研能力、创新能力、现代教育技术能力。而要成长为职业院校的“专业带头人”和“教学名师”，在职业能力、职业素养方面无疑有更高的要求。

与国内职业教育对“双师型”教师的培养从进入“职业院校”后开始不同，发达国家严格控制职业教育教师的准入，不直接聘请大学毕业生。所有教师必须要先具有“双师素质”才能进入职业院校任教，同时特别强调企业的工作经历及其工作年限。而在我国，目前具有企业背景的教师在职业院校中所占的比例仍不算高，但他们却是一支“异军突起”的群体。

企业背景的教师群体在企业历经长期的艰苦磨砺，练就了专业技能，提升了专业素养，积累了丰富的实践经验。专业知识、专业技能的获得和良好素质的形成得益于他们在企业的真实工作环境、生产实践中的长期“蛰伏”的结果。

企业背景教师都经历了一段令人难忘的“转型”期，虽然不同的人转型时间、转型效果、成长空间各不一样，但他们经过一段“磨合期”之后，由初始阶段的不熟悉过渡到了熟练阶段的渐入佳境。实践证明，他们在教育教学过程中表现出了鲜明的职业特性，恰好符合职业教育发展规律，他们为职业教育教学注进了新的活力。

企业背景教师的企业经历，使他们积蓄了更多的能量。经过转型之后，他们成了名副其实的“双师型”教师，在教育教学、专业建设、校企合作、教改教研、技能大赛指导等方面，都可圈可点，具有很大的成长空间。"蜕变"，是指"蛰伏""转型"后的质变和飞跃。他们成功蜕变后，将成为职业教育战线的中流砥柱，也会步入教师专业化发展的高级阶段。他们在职业教育事业发展中，无疑起着举足轻重的作用。

广西壮族自治区名师培养工程是广西中职教师专业化发展的催化剂。在广西壮族自治区中职名师培养工程的100名学员中，具有企业背景的教师所占比例超过10%。正当自身的专业化发展进入瓶颈时，他们成了广西中职名师培养工程的培养对象，正如久旱逢甘雨。为期5年的广西中职名师培养工程，采取"五阶段一体化"和"双导师"培训模式，按照职教理论培训、专业技能提升、带课题企业研修、示范性教学与研讨、综合性辐射五步骤实施培训和培养。经过名师工程的培养，学员们的收获远远超过了预期，他们在教师专业化发展的道路上也越走越宽广。

本书的写作目的在于追寻广西壮族自治区中职名师培养工程学员中具有企业背景教师的成长轨迹，反思他们成长过程中的点点滴滴，试图破解企业背景教师快速成长背后的秘诀，为探索符合我国国情的"双师型"教师有效培养路径抛砖引玉。同时，期待更多的从企业转型而来的"双师型"教师成长为专业带头人乃至教学名师！

本书重点部分"蛰伏篇""转型篇""蜕变篇"将广西壮族自治区中职名师培养工程学员中具有企业背景教师成长过程的典型的、真实的小故事穿插其中，以增强本书的可读性、启迪性。

本书由广西壮族自治区中职学校名师培养工程学员——广西纺织工业学校的刘仁礼、刘梅、汪薇3位老师共同构架提纲。第一作者刘仁礼承担了"前言""引言""蛰伏篇""转型篇""后记篇"以及"蜕变篇"的"催化蜕变——全面的双师素质培养""蜕变求精——做专业建设的带头人"部分的写作及其各篇小结的撰写工作；刘梅承担了"蜕变篇"的"蜕变求新——做教研教改的急先锋"部分并与刘仁礼共同完成了"结束语"；汪薇承担了"蜕变篇"的

“蜕变求远——技能比赛场外的指挥家”部分的写作。刘梅、汪薇为“蛰伏篇”“转型篇”“蜕变篇”提供了大量的写作素材并参与了全书文字的核校工作。全书由刘仁礼统稿。

本书的写作得了广西壮族自治区中等职业学校名师培养工程领导小组办公室及广西师范大学职业技术师范学院的大力支持；在写作过程中，得到了国家级名师——广西交通职业技术学院彭朝晖教授的悉心指导，在此，一并致谢！由于我们的能力有限，书中错、谬、浅、漏在所难免，敬请读者不吝赐教。

刘仁礼

2014 年 11 月于南宁

# 引 言

## 一、职业教育呼唤名副其实的“双师型”教师

职业教育是国家经济社会发展战略的重要基础，职业教育既有普通教育“教书育人”的教育功能，也有鲜明的“职业”特性。关于职业教育，我国近代职业教育的创始人和理论家黄炎培先生解释说：“职业教育，以广义言之，凡教育皆含有职业之意味。盖教育云者，固授以学识技能而使之能生存于世界也；若以狭义言，则仅以讲求实用之知能者为限，亦犹实业教育也。惟实业教育，兼含研究学说之意味，而职业教育，则专重实用，纯为生活起见。”职业教育是相对于基础教育的一种教育类型，是教育的重要组成部分，它是服务经济社会发展和提升人全面能力的需要，是培养高素质劳动者和技术技能人才，并促进全体劳动者可持续职业发展的教育类型。职业教育不仅能够提高受教育者的思想道德素质，还能够提高他们的能力素质。

职业院校教师的职业素养是影响职业教育人才培养质量的关键因素，是职业院校的核心竞争力。《国家中长期教育改革和发展规划纲要（2010—2020 年）》在“提高教师业务水平”中明确指出要“以‘双师型’教师为重点，加强职业院校教师队伍的建设”。

“双师型”教师是提高职业教育教学质量和办出职业教育特色的关键，如何培养和造就一支高素质的“双师型”教师队伍已成为各职业院校发展的重要战略。

“双师型”教师是根据职业教育培养应用型人才的需要对专业课教师的素质和能力要求而提出的。国内职业教育界目前对“双师型”教师的认定，主要有以下三种观点：一是“双证书”，既取得职业教育教师职业资格证书，又取得相关专业的职业资格证书；二是“双职称”，即取得教师职业技术职称，又取得其他职业的技术

职称；三是“双素质”，要求既具备教师的基本素质，又具备工程师、技师的素质和能力。从内涵上看，“双师型”教师属于专业教师，应具备教师的职业素质和能力：良好的职业道德，较强的教学能力，即能教书育人，又能进行职业指导，且具有相应行业的职业素质和能力；与讲授专业相对应的行业、职业素质，宽厚的行业、职业基本理论、基础知识和实践能力。从外延上看，“双师型”教师就是双证的结合，即教师资格证书和职业技能等级证书。不管如何界定标准，职业教育需要的是名副其实的“双师型”教师。

发达国家的职业教育虽然没有“双师型”的说法，但对职业教育教师同样具有非常高的“双师素质”要求。与国内职业教育对“双师型”教师的培养注重于“学校”阶段培养不同，发达国家严格控制职业教育教师的准入，不直接聘请大学毕业生，要求必须先具有“双师素质”才能进入职业院校任教，而且十分强调企业的工作经历及其工作年限。

## 二、“双师型”教师职业素养要求

《辞海》中注释：素养指经常修习涵养，素来养成，日常习惯，贯穿于日常生活中，是于日常生活中表现出来的东西或者说平日的修养。即素养是在经过一定的研修学习后养成的一种习惯和形成的一种能力，这种习惯和能力会贯穿于生活、工作的始终。职业素养是指人类在社会活动中需要按职业的标准化、规范化、制度化来规范自己和塑造自己，它是职业内在的要求，是一个人在职业过程中表现出来的综合品质。职业院校教师应具有良好的职业道德、文化素养、专业素养、教育学和心理学素养、身心素养。

职业教育与普通教育虽同属教育范畴，有着共同的规律，但职业教育有着自身的发展规律和特点，有其特殊性。要做一名合格的职业院校“双师型”教师应具有哪些能力和素质？随着社会和经济的不断发展，职业教师如果仅仅具备传统教师的一般素质，已远远不能满足不断发展变化的教育形势和对职业教育人才培养的要求。只有不断更新观念，不断进取，具备一定的素质和能力才能成为一名合格的职业院校“双师型”教师。职业院校“双师型”教师应具有良好的职业素养，主要包括职业道德、文化素养、教育科学理论素养、职业意识、现代职业教育理念等方面；职业院校教师应具有胜任职业教育教学的专业能力，主要包括教学能力、专业能力、育人能力、组织管理能力、教育科研能力、创新能力和现代教育技术能力。

### （一）职业道德

职业道德是指从事一定职业的人们，在其特定的工作或劳动中应遵循的带有职业特点的道德规范总和。教师职业道德简称“师德”，它是教师和一切教育工作者在从事教育活动中必须遵守的道德规范和行为准则的总要求。唐代著名文学家韩愈在《师说》一文中写道：“古之学者必有师。师者，所以传道授业解惑也。”我国伟大的教育家孔子也说过：“其身正，不令而行；其身不正，虽令不从。”“学而不厌，诲人不倦。”陶行知也说过：“学高为师，身正为范。”这些经典名言都是对师德最好的诠释。教师是学生的榜样，自己的一言一行，都会直接影响学生的成长。职业院校教师是向学生传递人类积累的文化科学知识、专业技能和进行思想政治品德教育的专业人员，他们的职业道德素养决定着素质教育的成败。职业院校教师承担着教书育人、传授专业技能的光荣任务，与学生朝夕相处，教师的一言一行无不潜移默化地影响着学生。因此，职业院校教师必须具有高尚的道德修养，爱国守法，爱岗敬业，乐于奉献，团结协作，治学严谨，诚实正直，为人师表，遵守教师职业道德标准，弘扬中华民族传统美德和注重社会主义道德情操的教育，教书育人，关爱学生，向学生传递正能量，以高尚的人格魅力感染学生，促进学生的健康成长。

### （二）文化素养

所谓文化素养是指教师经过较长时间的培育而逐渐形成的一种从事

教育工作专门需要的涵养，它包括人文素养、科学素养、艺术素养等方面。人文素养的核心是对人类生存意义和价值的关怀，也就是人文精神，它是为人处世基本的“德行”“价值观”和“人生哲学”。科学素养指人们对科学和技术的基本知识、基本观点和科学价值的理解，主要包括科学知识、科学方法和科学对社会的影响三方面。艺术素养则包括艺术知识与技能、艺术学习与研究的过程及方式方法、艺术精神三个方面。艺术素养是支撑教师做好教育工作、获得教育智慧的重要支柱。教师的文化素养绝对不能简单地等同于知识水平，更不能简单地等同于学历。职业院校的教师要保持终身学习的态度，不断进行知识的更新，丰富自身的专业知识，促进教师的专业化发展。教师内在的动因对提高教师的文化素养起着至关重要的作用。因此作为一名合格的职业院校教师就应该有不断提升自身文化素养的意识，以“空杯”心态去学习、读书、吸纳和反思，不断提高自身学识水平和审美能力，扩大知识视野，提升气质品位，加强业务进修，更新专业知识，学习专业新技术，跟踪专业发展新动态，从而积淀成自身的文化素养。

### （三）专业素质

职业教育是一种面对就业的教育，不仅要教给学生今后谋生和发展所必须具备的某一专业领域的知识和技能，而且还要培养学生面对该专业的职业领域应具备的“职业素质”。为了甄别教师应具备的“职业素养”与学生就业面对某一职业领域的“职业素养”，避免两种“职业素养”概念上的混淆，本书将后者定义为针对教师本身所教专业的“专业素质”，它包括学科的专业知识、专业能力素养、专业标准和专业规范，以及完成学科专业工作任务所必备的心理素养。与从事基础教育的教师最大的不同是，职业院校的教师除了应具备“教师职业”的职业素质之外，还应具备他所从事某一教学专业的专业素养及其学习的专业所对应的职业素养，如吃苦耐劳、爱岗敬业、团结协作、乐于奉献等特定行业、职业的基本要求。院校教师的专业素养决定着他在专业教育教学中培养学生“职业素质”质量的高低。

### （四）教育学、心理学素养

教育学理论是对教育实践的理性阐释，具有解释教育实践、指导教育实践的功能。教育心理学是研究教育和教学的过程中，教育者和受教育者的心理活动现象，及其产生和变化规律的心理学分支。职业院校教师只有具备教育学、心理学素养，才能掌握教育规律，了解教学方法，熟悉教育方针、原则，提高教学效能，了解学生的心理活动和心理动机，正确地引导学生。

### （五）身心素养

教师劳动是一种充满高度创造性的繁重的脑力劳动，又是一种兼有一定强度的体力劳动，所以教师必须要有健康的身体和良好的身心素质。职业教育教师的工作繁重，特别是中职教师，往往是教学、德育、教改、竞赛、招生、就业等多项工作集于一身，极易造成身体的疲劳和心理倦怠。因此，良好的身心素质能够保证职业院校教师在工作和生活中保持高昂振奋的精神和轻松愉快的心境，从而提高工作效率，保证教育质量。

### （六）职业理想

职业教育的根本目的是让学生掌握一定的专业技术，学会专业技能，能够顺利实现就业，成为社会有用之才。我国政府提出要大力发展职业教育，加快发展面向农村的职业教育，着力培养学生的职业道德、职业技能、就业创业能力，这是促进社会公平、实现社会和谐的有效途径。作为职业院校教师，应有较强的职业意识，这有着双重意义：一是对于职业院校教师职业本身而言，要具有职业理想、安全意识、质量意识和创新意识；二是职业院校教师的教育对象是职业学校的学生，利用教师自身具有的强烈的职业意识，去教育、引导、感染学生，达到将这些职业意识迁移到学生身上的教育目的，从而培养学生的职业理想、安全意识、服务意识、质量意识和创新意识。

托尔斯泰曾说过："理想是指路的明灯，没有理想就没有坚定的方向，就没有生活。"人生发展的目标是通过职业理想来确立的，并最终通过职业理想来实现。所谓职业理想，是个人对未来职业的向往和追求，既包括对将来所从事的职业种类和专业方向的追求，也包括事业成就的追求，从而实现人生价值。

作为职业院校教师的职业理想是什么？有的教师将教师职业作为谋生的工作，对教学持得过且过的态度，见到学生就心烦；有的以教书育人为乐趣，期待桃李满天下；有的把职业教育教学当作一项伟大的事业，渴望培养学生成才，同时成就自己的教育理想。我国职业教育正面临着难得的历史发展机遇，同时也面临着严峻的挑战——职业教师极易产生职业倦怠。一名优秀的职业院校教师，必须树立远大的职业理想，增强教师的事业心和职业责任感，保持强烈而持久的积极性，能满腔热情地投入教育教学工作中，勇于实践，勤于积累，在实践中追求成就。

只有拥有职业理想的教师，才能教育出拥有职业理想的学生。中职学校的学生大都是中考落榜者或学习成绩不理想者，他们整体缺失自信心，对未来充满迷茫，需要职业教师春风化雨般激发学生的潜能，引导学生树立正确的人才观，从而指引更多的职业院校学生走向成才之路。

### （七）安全意识

职业教育以就业为导向，培养社会所需要的生产、管理、服务这些第一线的技能型人才。职业教育的"职业性"注定了增强安全意识的重要性。职业教育面临的安全主要是指学生在校内外学习期间的安全及毕业就业的安全。职业教育特别注重实践教学，它包含校内外实验实训、企业顶岗实习，因此职业教育必须加强对学生的安全教育，避免安全事故的发生。安全责任重于泰山，职业院校教师首先要树立牢固的"安全第一"的意识，将安全教育贯穿于职业教育的每个环节，使学生树立起安全防范的意识。

### （八）服务意识

职业教育处于招生、就业的竞争之中。社会、企业、家长以就业质量和效果来检验职业院校的办学质量，职业院校要想在激烈的竞争中求得立足和发展，就必须转变学校的办学理念。职业院校教师在招生、教育教学、就业过程必须不断增强服务学生、服务学校、服务企业、服务社会的意识。

### （九）质量意识

质量广义的概念是指一组固有特性满足要求的程度。质量意识是指人们对质量问题的主观认识。只有树立正确的质量意识，才能提高工作质量、产品质量以及质量管理水平。职业教育所指的质量应有两种含义：一是职业院校教师应树立服务质量意识、教学质量意识、学生培养质量意识、学生就业质量意识；二是职业院校教师应教育学生树立和增强质量意识，在学习、就业中注重提升产品质量。

### （十）改革创新意识

改革是指改掉旧的、不合理的部分，使之更合理、更完善；创新是指开创新的事物。创新意识是指人们根据社会和个体生活发展的需要，引起创造前所未有的事物或观念的动机，并在创造活动中表现出的意向、愿望和设想。要培养创新人才，就必须要创新型的教师。以改革促创新，以创新促改革，两者相辅相成。改革创新的意识在职业教育中应包含两种含义：一是教师应具有对教育教学的内容、方式、方法不断改革创新的意识；二是培养学生具有改革创新意识，培养学生的创新思维。

### （十一）具有现代职业教育理念

现代职业教育理念主要包括职业教育观念的现代化，职业教育体制的现代化，教育内容、教育手段的现代化。联合国教科文组织将“学会认知、学会做事、学会共同生活和学会生存”称为现代教育的四根支柱。职业教育要紧跟时代发展，职业教师要更新职业教育及其评价观念，树立以生为本、职校学生也能成才的教育观念。

## 三、“双师型”教师职业能力要求

### （一）教学能力

职业教育专业教学能力是指在培养学生特定专业素质的过程中所表现出来的各种能力的有机结合，是正确地组织和驾驭职业教育的资源，运用科学的教学手段促进学生职业意识、职业态度、专业能力和专业素质等不断发展的综合素质。职业教育教学能力应包括语言表达能力、教学组织能力、课堂管理能力、编写教案和教学设计能力、应用新的教育教学方法能力（如应用多媒体教学、理实一体化教学、行动导向教学等)、实践操作指导能力、教学评价能力、教学反思能力等。职业教育教学能力是专业教师教学的基本能力，也是教师专业化发展的核心。

### （二）专业能力

职业教育的培养目标是应用型技能人才，职业院校教师应具有所教学专业的专业能力。专业能力在这里特指的是职业院校专业教师所对应的教学专业应具备的专业知识、专业技术、专业技能、专业课程的开发能力、专业建设能力、与本专业对应企业的交流、沟通和合作能力等。这是职业院校教师进行专业教学的根基。教师专业水平的高低，将决定职业教育教学质量的优劣，也是职业院校能否培养合格的应用型技能人才的关键。

### （三）德育能力

教师的德育能力，是指在德育过程中对学生的道德问题进行感知、监控、处理和反思的能力。《国家中长期教育改革和发展规划纲要(2010—2020)》在“战略主题”中提出要求：“坚持德育为先”“坚持能力为重。优化知识结构，丰富社会实践，强化能力培养。”中职学校教师不仅要承担专业教学工作，把德育渗透于教育教学的各个环节，还要勇于担任班主任工作，这是中职学校德育工作的重点。职业教育的职业性要求专业教师在开展专业教学的过程中，不仅要做到教书育人，还要能够把握职业要求，使学生形成良好的职业道德、职业态度、职业知识和职业技能，为社会培养“德技并重”的合格的应用型技能人才。

### （四）教育科研能力

教育科研就是以教育现象和教育问题为对象，运用科学研究的原则和方法，探寻教育规律及有效教育途径和方法的一种科学实践活动。职业院校教师要搞好职业教育教学工作就必须认识和掌握职业教育规律，按职业教育规律办事，只有这样才能达到预期的目的。因此，职业院校教师应具有教学反思能力和教学研究能力、教学改革能力、教学创新能力，总结、反思自己的教学经验，对教改过程中遇到的问题进行理论研究和实践探索，进而发现新的教学规律、教学方法和教学模式。

### （五）现代教育技术应用能力

现代教育技术是人类在信息时代的教育活动中采用的一切技术手段和方法的总称。职业院校教师应具备运用现代教育理论和现代信息技术、现代教育媒体进行专业教育教学的能力。

## 四、“双师型”教师的培养途径

职业院校教师队伍主要来源于三个方向：高等院校、转型教师、企业。专业教师按其职业经历主要分为三类：第一类是从院校毕业后即步入职业学校从事教育教学工作的；第二类是从院校毕业后先进入企业工作多年，然后再转行加入职业教育教师行列，成为专职教师的；第三类是由学校从企业聘请来做兼职教师、技术人员或能工巧匠。在三类教师中，从大学毕业直接到职业院校任专业基础课和专业课的教师所占比重很大；而从企业调入的教师所占比例在不同的专业中相差较大，文科类专业比例较低，理工科类专业比例相对较高。

对照“双师型”教师认定标准，职业院校教师无论在素质、知识和能力各方面都是“尺有所短，寸有所长”。从高等院校招聘的教师队伍，其理论知识储备丰富，但几乎没有任何企业实践经验，实践操作能力差，理论与实际结合度低；从基础教育转型的教师（来源仍属于高等院校类）具有丰富的教学经验，但专业知识与实践操作能力非常欠缺；从企业聘请来的兼职教师，实践操作能力较强，但教育教学能力相对较弱；从企业转型的专任教师具有丰富的实践经验和较强的实际操作能力，但欠缺的是教育教学理论。

“双师型”教师队伍的培养是职业教育师资队伍建设的重点。“双师型”教师的培养途径因人、因专业、因学校而异，没有固守不变的模式。国内职业院校培养“双师型”教师普遍遵循专职与兼职结合、学校与企业结合、培养与引进结合，理论与实践并重、教学能力与专业实践能力并重、学历提高与专业培训并重的基本原则。培养模式主要有校本培训模式、专业培训机构或院校培训模式、到企业实习兼职挂职模式、从企业引进人才做专职教师或兼职教师模式、国外进修模式。

新引进的师范院校毕业生，他们多数都没有与自己专业技能证书相对应的工作实践，因此，必须为他们提供学习专业技能、企业实践的机会，鼓励他们考取相关专业技能等级证书。而新引进的工科类高校毕业生，他们不仅欠缺教育教学理论知识和教师资格证，而且几乎没有专业实践经验，因此必须双管齐下，要求他们学习教育教学理论知识、专业技能，而且要考取教师资格证和技能证等。对于新引进的非师范院校的毕业多年的工科毕业生来说，他们大多数已获取了与本专业相关的技能等级证书、技术职称证书，但缺乏教育教学理论知识和教师资格证，他们需要参加教育理论专题培训和普通话训练等培训课程，只有通过教育学、心理学和普通话考试，才能获取教师资格证。与此同时，职业院校还要注重选拔、培养年轻专业的骨干教师，有目的、有计划地开展多方位的培训活动，优先选送骨干教师参加省级、国家级骨干教师培训，使之成为引领专业建设的带头人。

### （一）校本培养模式

一是传、帮、带方式。培养对象主要是刚从大学毕业来到学校任职的青年教师。安排专业带头人、骨干教师和行业专家为导师，和青年教师结对子。导师针对青年教师个人的特点，制定培养方案并严格实施，如刚入职的大学毕业，则要“十全大补”，既要培养教学能力，又要培养专业能力，特别是实践技能。青年教师要主动地观摩导师的教学示范，导师也要经常到青年教师的课堂上现场听课、评课。

二是由专业带头人、骨干教师担任培训和指导任务，他们参加国内外职业教育培训后还要与其他教师分享培训心得。此外，学校要定期组织校级教学比赛、说课比赛、公开课、评课等方式，互相切磋学习，共同提高教学水平。

三是学校利用业务学习时间及周末、寒假、暑假进行校本培训。学校可聘请课程专家、教学名师来作课程开发和教学方法、教学能力的培训；可聘请教育学、心理学教授来作教育学、心理学培训；可聘请具有丰富实践经验的企业专业技术人员或能工巧匠，到校内培训基地对在职专业教师进行专业技术、技能培训和实践锻炼，重点提高专业教师的专业素养和专业能力。

### （二）专业培训机构或院校培训模式

专业培训机构或院校是指较高层次、具有相应资质的行业培训中心、区骨干教师培训基地、国家级培训中心和高等院校。学校根据教师专业特长及发展需要，选送相关专业教师尤其是青年教师到相应的专业培训机构或院校有针对性地对其进行教育教学理论、教育教学方法、教研教改等方面内容的培训。

### （三）校企合作培养模式

一是专业教师利用周末、寒假、暑假到合作企业进行实习、兼职、挂职，了解自己所从事专业的生产工艺流程、操作规程、行业专业发展趋势，学习生产技术和操作技能，体验企业管理文化。这种培养对象主要适用于从院校毕业即到学校任教的教师。

二是从合作企业引进能工巧匠或技师做兼职教师，他们主要是承担实训、实习教学和指导工作。部分企业人士同时承担教师的实践操作技能培训工作，帮助提高专业教师的操作技能。

三是有专业特长、有一定资金、经营经验的教师可根据市场需要成立公司，进行产品研发、产品生产、技术服务。这只有极少数教师能做到，他们既是学校的专业教师，也是公司的“老板”或“骨干”，真正做到了产、教、研结合。

### （四）从企业引进中青年技术骨干做专职教师

从企业引进人才可分为两个层次：一是能工巧匠或技师，他们具有极强的操作技能；二是工程师、高级工程师等企业骨干人员，具有大学学历，曾在企业工作 5 年以上，既有扎实的专业理论，又有丰富的生产实践经验，精通企业的生产技术、生产工艺，熟悉生产设备操作，谙熟企业用人之道。职业院校从企业引进中青年骨干人员，特别是具有中级以上职称的技术人员做专职教师，是最理想的方式，因为他们可塑性大，学习能力强，进步快，极易培养成为“双师型”教师。

### （五）国外进修模式

教育部门为了促进职业院校“双师型”教师的成长，会安排部分院校的骨干教师或专业带头人赴德国、新加坡等发达国家进修培训，学习先进的教育教学理念和教学方法。但从这种模式中受益的教师只是极少部分。

## 五、国内外职业教育“双师素质”要求对比

发达国家职业教育虽然没有“双师型”的说法，但对职业教育教师具有非常高的“双师素质”要求。与国内职业教育对“双师型”教

师的培养注重于“学校”的阶段不同，发达国家严格控制职业教育教师的准入，不直接聘请大学毕业生，要求职业教育教师必须要先具备“双师素质”才能进入职业院校任教，十分强调企业的工作经历及其工作年限。例如，丹麦职业技术学校对任职教师的基本要求是完成第三级职业教育，且必须拥有5年以上的实际工作经历。德国职业教师规定必须经过2年以上的工厂实践，才具备职校教师资格，若担任实训教师，还必须取得“师傅”资格，年龄在24岁以上，因此有一部分职业教师就是专业技术人员或者专家。澳大利亚TAFE学院（职业技术教育学院）要求教师：至少要有3~5年与专业教学相关的行业工作经验，年龄在35岁以上的教师则要有十几年的工作经验，并取得教师资格证书。美国职业技术教育的教师必须是大学本科毕业生或硕士研究生，并经过教育学院和实践环节的专业培训，教师每两年半还要参加一次教师资格考核，并取得任教合格证书；社区学院的专业教师至少要求有3年的实际工作经验，而俄亥俄州麦纳地区职业教育中心招聘职业技术教育教师的要求是至少具备在本领域工作7年的经验。

我国职业教育教师也实施教师资格制度，要获得教师资格证，必须通过教育部门对学历、普通话等级、教育学、心理学、教育教学基本素质和能力测试。但对于职业教育教师，对企业工作经历并没有提及。我国职业教育对“双师型”教师的培养注重于学校阶段，属于“边教边学”，而发达国家的做法则相反，要求必须充分具备“双师素质”之后才能任教。也就是说，它们对“双师素质”教师的培养是在进入学校前的企业阶段。两种截然不同的培养方法，孰优孰劣不难看出。拥有充分具备“双师素质”的教师，教育教学质量也能得到充分的保障。

虽然大家都认可发达国家对职业教育教师资格认定的做法，但我国的国情较为特殊，随着职业教育持续扩招，教师队伍数量与快速发展的职业教育规模不相适应，教师紧缺的问题日益严峻。如今，许多职业院校，特别是县级职业学校，教师队伍缺口大，师资力量薄弱，更谈不上具备充足的“双师型”教师了。由此可见，我国国情具有特殊性，不能完全照搬照抄国外的经验。为满足教学要求，目前，我国仍以从院校毕业即来到学校从事教育教学的职业教育教师为主体，但由于国家提出了“把全社会优秀人才吸引到职业教育教学一线中来”的政策，鼓励从企业引进有工作经验的人，职业院校具有企业背景的教师数量日渐增加，大大改善了职业教育的师资结构并且加强了师资力量。尽管如此，我国职业教育“双师型”教师的培养仍任重而道远。

## 六、“异军突起”，具有企业背景的教师成长空间更大

目前我国职业教育界，具有企业背景的教师在职业院校中所占的比例仍不算大，但却是一个“异军突起”的群体。他们从企业技师或工程师转型到职业教育后，经过几年的努力，在职业教育教学、专业建设、教研教改、技能比赛等方面的突出表现令人惊叹。

我们发现，有12名广西中职名师培养工程的学员在从教之前均具有5年以上企业（事业）工作的实际经验，如今他们都已成为学校或区级专业的带头人。我们发现，各职业院校对绝大多数具有企业工作经历的教师的表现，均给予了充分的肯定，这引起了我们的思考：为何从企业引进的能工巧匠或工程师更能胜任职业院校的教育教学工作？企业工作经历是一种蛰伏？到职业学校是厚积薄发还是水到渠成？他们为何能在极短的学校教育教学时间中转型，从而成长为优秀的“双师型”教师、骨干教师、专业带头人甚至是名师培养对象？

对比丹麦、美国、德国等发达国家职业教育教师准入制度中的“必须具有一定年限的实际工作经历”的条件，不难看出，具有企业背景的职业院校教师，都有一个共同的经历——长期在企业工作的经历！在长期的企业工作中，他们不仅积累了丰富的实践经验，具有扎实的专业技术和较高的专业能力，而且养成了良好的专业素养和职业素养，具有较强的安全意识、质量意识、创新意识。这些专业素养和专业能力，一定是要沉浸在企业的真实环境中进行实践才能养成和获得的，这就是他们到学校后很快转型并成长为名副其实的“双师型”教师的秘诀。他们除了能将生产中的实用知识和技能传授给学生外，还能将企业管理、企

业文化、企业精神等相关理念传授给学生，从而有效地缩短教育与社会、学校与企业、理论与实践的距离，因此他们是名副其实的“双师型”教师，而且他们成长的空间很大。

尽管国内职业院校加大了“双师型”教师的培养力度，采用“校本培训”“院校培训”“校企合作”等培养“双师型”教师的模式，教育部也制定了《关于建立中等职业学校教师到企业实践制度的意见》，要求中等职业学校专业课教师、实习指导教师每两年必须有两个月以上的时间到企业或生产服务一线实践。但是，好的制度和好的意见，在执行起来，往往会大打折扣，甚至流于形式。校企合作在我国被提倡很多年了，但形式大于实质，往往学校一头热、企业一头冷，有时教师满腔热忱地到企业锻炼，却只能“眼看手没动”。而有的教师到企业学习主动性差，态度不端正，以“参观代替实践”，大都走马观花或蜻蜓点水，对于专业的认识浅尝辄止，并没有真正学到专业技能，更谈不上提高实践能力了。这才是我国职业院校教师专业能力普遍不高的原因。而曾长期在企业工作的转型教师，在企业是真刀真枪实干出来的，企业的利益目标决定了他们只能踏踏实实地工作，努力掌握专业知识和专业技能，在生产中积累丰富的生产经验和实践能力，练就深厚的专业功底。

我们有理由提出：是不是具有多年的企业工作经历之后再转型到学校的专业教师更容易成长为专业带头人或教学名师呢？

查阅第三届全国高等学校教学名师奖获奖的 10 名教师（高职教育）的工作经历，就会发现有 5 名国家级教学名师具有长期在企业工作的经历。例如，浙江工贸职业技术学院施凯教授，曾在鞋类企业实践 5 年，他是治学严谨的教授，也是技艺精湛的“鞋匠”；武汉职业技术学院谢苏教授来到学院之前，已经在旅游行业搏击了二十余年，积累了丰富的旅游实践以及管理经验，在旅游专业方面拥有着独到的见解。在《中国教育报》有一篇报道《从“修车匠”到国家级教学名师——记广西交通职业技术学院教授彭朝晖》，这是《中国教育报》2014 年 5 月 1 日对彭朝晖教授的专访。彭朝晖教授在从事教学工作之前就有 7 年的技工生涯，他在企业从学徒干到了“老师傅”，练就了一身过硬的技术本领。在18年的教学生涯中，他收获了国家级教学名师、广西优秀专家、广西“八桂名师”等多项荣誉；2013年，经严格考核，他被评为“全国交通职业教育优秀专业带头人”。彭朝晖教授之所以能成为国家级名师，和他在教育教学上孜孜不倦、勇于改革创新密不可分，但7年技工岗位上的蛰伏，无疑为他的成功奠定了坚实的基础。如此多的具有企业背景的高等职业教育专业教师成长为国家级教学名师，他们的共同点是：具有5年以上的工作经历，在企业工作中悟出了专业的精髓，来到学校后教学工作进行的得心应手，游刃有余，不仅在书本知识与生产实践之间架起了无形的桥梁，也在学校与企业之间架起了有形的桥梁。职业教育呼唤中职教学名师，以引领中职教育的改革、发展和示范。但具有企业背景的高职院校的“双师型”教师成长为国家级教学名师的成功典范，可以在中等职业教育界复制吗？我们在追寻着中职名师培养工程学员的成长轨迹，反思他们的成长过程，同时也期盼更多的从企业转型而来的“双师型”教师成长为教学名师！

# 目录

# 蛰伏篇

蝉，从卵到出土变成知了要经历数年甚至十多年的时间，有2年、3年、5年不等，而最长的竟达17年！蝉的大部分生命是在泥土中蛰伏度过的，目的是在一个夏天破茧而出高声鸣唱。本书将“蛰伏”引申为有企业背景的这一职业教育教师群体在企业历经长期的艰苦磨砺、练就专业技能、提升专业素养、积累下丰富的实践经验的这一过程。在这过程中，知识、技能和经验的获得以及良好素质的形成得益于他们在企业的真实工作环境、真实生产实践中长期“蛰伏”的结果。虽然他们在企业的经历各不相同，但他们在学校的教育教学中所表现出的优势和特长仍具有许多共性。他们在企业的“蛰伏”，使专业能力的练就、专业素养的养成、职业意识的增强经历了由量变到质变的过程，这些只有在真正的企业工作中才能达到。显然，不是每个企业人士都能成为职业教育的教师，只有具备一定的专业素质和专业能力、具备了潜在的教师职业素养的人，才有可能成为一名合格的职业教育专业教师。

## 一、从一线工人做起——专业能力的练就

专业能力是具有企业背景的教师在企业练就的核心能力。尽管每个人的经历有所不同，但他们的企业经历都具有一个共性——从一线工人做起，一步一步地往前走，就像游戏通关，层层突破，他们专业能力和

专业素质也伴随“通关”成功而获得。

从学校毕业后走向社会，他们怀揣着毕业证书、技能证书和报到证明，被分配到了对口企业从事对口专业工作。他们满怀理想踏入企业，渴望到企业有所作为、大显身手，但后来他们发觉理想与现实差别太大。当时从“象牙塔”走出的大学生到工厂工作，工厂对他们的期望值非常高，把他们作为重点培养对象，他们一到企业就被分配到生产一线顶岗或轮岗，不管愿意与否，都得服从安排，这是到企业必须要经历的第一个大考验。到企业的初期所发生的事，他们很多人都记忆犹新，终生难忘。

### 从“大傻生”成长为汽车修理大师

陈新，玉林市机电工程学校汽车运用与维修专业带头人，广西中职名师培养对象。大学毕业后，他被分配到广西玉林地区汽车总站大修厂工作。如大多数大学毕业生分配到生产一线的遭遇一样，刚开始工作的陈新不但一点优势都没有，而且连普通工人也不如。到汽修车间的第一天，他就遇到了一个意想不到的“考验”。工人师傅为探听新来大学生水平的“虚实”，把他带到一辆正在修理的汽车旁边，说“这台机有故障了，你去检修吧。”自尊心极强的陈新在众目睽睽下，钻进了驾驶室，去发动汽车，发动不起来！他又把汽车前盖板打开，检查发动机的线路，也没有发现任何毛病。他急得满头大汗，面红耳赤，张口结舌，狼狈不堪。他清晰地听到一个工人师傅嘲讽说：“什么大学生！简直就是大傻生！”其他工人听后笑得前俯后仰。他当时只恨没有地缝可钻下去——大学生的优势感顿时荡然无存！

陈新意识到，大学四年中所学的很多专业理论知识，在实际工作中并不实用，许多课本知识已远远跟不上生产实际。更何况，在大学的专业课里，能到实验室做实验的次数屈指可数，动手能力差可想而知。他暗下决心，一定要做一个汽车修理的高手！

此后，陈新每天早上第一个到达车间，为师傅准备好维修工具，虚心向师傅请教，每天都在工作岗位上两手脏兮兮地拆装和检修各种汽车的零部件和检查各总成。他先后到底盘、发动机、电器电路、机械加工等车间各工作三个月。一年后，他基本上掌握了汽车大修的工艺流程和技术标准，不仅能检修大部分零部件，而且对电器电路的检修也得心应手，成为能够熟练检查和修理货车、客车等各种车型的全能手修理师傅。见习期结束后，陈新被安排负责发动机进厂的技术检测和出厂合格检验的工作。

1991 年 8 月至 1993 年 2 月期间，陈新对多种发动机的修理规范进行了认真的校验，积累了对发动机进行大修等级评定的经验，特别是对发动机大修出厂时异响的诊断的能力有大幅度的提高。当时汽车的电控技术已发展起来，陈新敏锐地捕捉到这一信息，但去书店根本找不到相关书籍。他千方百计地和他的母校——长沙交通学院①的一位师弟联系，委托他到大学的图书馆借了一本书寄回来。当时复印费还挺贵的，但陈新还是把整本书复印下来，然后再把书寄回去。经过不断地摸索，陈新学会了修理电控发电机，而且在玉林市首屈一指，小有名气。

1996 年 3 月，陈新白手起家在当地开了一间修理小汽车的个体户店面，刚开始是 30 平方米，先是自己亲自干，后来逐渐发展，扩大店面至 150 平方米，同时雇用了三名员工专门修理各种进口小汽车。2005 年 5 月又在首府南宁市开了一家修理分店。他最擅长修理的有日本车系、德国车系、美国车系的各种型号。在这个时期，他充分发挥了自己理论扎实、动手能力强的优点，熟练地解决了这些车系的电控汽油发动机、自动变速器、底盘的 ABS 系统、车身等各种电器电路问题，而机械部分也能驾轻就熟。

陈新从一线工人做起，整整干了十多年，从“大傻生”变成了全能手修理师傅，最后自己创业，开办了汽车修理厂，成为当地颇有名气的汽车修理大师。从陈新的成长过程可以看出，他在企业练就专业能力和锻炼意志的过程说明了一个“硬”道理：大学毕业生到企业都经历着从生手到熟手的艰难过程，要掌握过硬的技术和娴熟的技能必须扎根到车间生产一线以工人的身份去学习、去锻炼，必须耐得住车间的艰辛

① 长沙交通学院：今为长沙理工大学。

和寂寞，非得在车间摸爬滚打多年不可！

## 多一份坚持，就能见彩虹

汪薇，广西纺织工业学校服装设计与工艺专业带头人，广西中职名师培养对象。1992 年，她被分配到南宁民族服装厂，原以为人才奇缺的工厂会把他们几个新来的大学毕业生当宝贝一样“宠”起来。没想到一个星期以后，厂长把他们几个大学毕业生叫到办公室，开门见山地对他们说：“从下个月起，你们不再享受国家工资 123 元，必须下到生产车间和班组工人一样实行计件工资，多劳多得，少劳少得。什么时候你们能达到车间工人的平均工资 100 元，才能调离车间。”汪薇怎么也想不通，为什么大学生不能享受应有的待遇，而去拿什么计件工资？她和厂长谈判没有任何结果，厂长语重心长地对她说：“是金子，到哪都会发光的！”当时她真想一走了之。经过痛苦的内心挣扎，汪薇还是决定留下来，服从厂里的安排。

挡车工的日子真不好过。汪薇第一个月因为手脚不如成熟工人麻利，只拿到了 30 元；第二个月达到 50 元，第三个月 60 元，半年后，才突破了 70 元。但是这之后不管怎么加班加点地做工，工资也还是在 70 元钱的水平上停滞不前。面对收入不高的困惑，汪薇并没有消极怠工，而是一直琢磨着，怎样才能让自己的工资接近 100 元的水平。她开始留意那些做得快的老员工，发现他们有一些“秘密武器”——一些自制的或是改装过的缝制小器件，有了这些小东西，就会事半功倍。因此汪薇开始“武装”自己的工具。几经试验，效果甚好，绱裤腰的月产量跃居全组最高，在接近 10 个月的时候，她终于达到了工人的平均工资 100 元！她从一个只会使用家用缝纫机的新手变成了一个熟练使用高速工业平缝机的熟手。一年后，她调到了技术部。

汪薇老师总是会给她的学生们讲述这段难忘的经历。她教导学生到了工作岗位，不可能一帆风顺，更不可能心想事成，一定要耐得住煎熬，受得了责骂，只要坚持下去就总有能看见彩虹的那一天。

## 把“双证”隐藏，从头再来

刘仁礼，广西纺织工业学校染整技术专业带头人，广西中职名师培养对象。1992 年 7 月大学毕业后，被分配到广西一家大型国有纺织企业工作。按企业的规定，他必须到车间轮岗一年，熟悉、掌握车间各道工序的设备操作、生产流程、生产工艺。第一天下车间，师傅就考他“打卷入缸”的操作，即要求将布快速、平整地打入卷染机中，这是卷染最基本的操作技能。师傅的一声令下，他手忙脚乱地把布卷入轴中，越卷越斜。班长正好过来巡视，严厉地批评说：“如果按你这样的操作，这缸布就要报废！大学生啊，眼高手低！”他一脸委屈，这台机器他从来没有摸过！师傅过来安慰他：“其实我当年第一次打卷时，也好不到哪里去，熟能生巧，多练就行！”

一年的时间，他先后跟师傅学习卷染机、挂练桶、绳状染色机、染纱机、丝光机及定形机的操作。当他都能熟练操作这些设备、学会了生产工艺后，他被调到了技术核心部门——化验室学习染色打样。在一年的轮岗实习中，他干一岗就爱一岗，从工人成长为染色师傅。三年后他成为染整分厂副厂长，第四年他被任命为染整分厂厂长，五年后他被聘为染整工程师。

在企业濒临破产之际，他扛着行囊南下广东找工作。在屡经面试失败之后，他干脆收起了大学毕业证书和染整工程师证书，只字不提曾担任分厂厂长的经历，他坚信“是金子到哪都会发光”，应聘时不再提当技术员的要求，只是说来应聘打样学徒工，毕业五年之后，他又经历了一次“从头再来”。

他初次到佛山嘉华染整厂的化验室打样，以一个生手的心态虚心向年轻人学习，他们也乐意指教。随着时间的推移，他逐渐显露出“技高一筹”的水准。有一次，客户给了一个黑色的小样，其他人试了几次颜色都不够深，而染料用量和助剂的用量也都超过了极限。厂长叫他试一试。他的用量在正常范围之内，而颜色却足够深了。还有一次，大家都在染一种叫“涤纶波比布”的小样，化验室的几个“老手”染出来的颜色都不均匀，而他染出的颜色却一点问题都没有。他们百思不得其解，经他一指点，他们才恍然大悟，而且一试就灵！这让化验室所有人及厂长对他刮目相看。有一个涤纶/黏胶交织的订单要求只染黏胶而涤纶部分留白，但无论是小样还是车间生产出来的布涤纶沾色严重，厂长也无计可施，最后要求化验室解决这个问题。在化验室主管屡试屡败之后，刘仁礼分析原因，染色时加入了一种助剂，只试一次，就成功了。

此后，每逢周末加班的对色师傅请假回家时，厂长就叫刘仁礼去车间顶班，刘仁礼很快就熟悉了整个车间的生产环节，他的专业技术水平、管理能力也大为提高。在化验室打样即将满一年之际，他在厂长的大力推荐下，正式被调到染色车间当对色师傅兼车间主管。此后的几年，他在生产车间既负责生产技术，又负责生产管理。车间生产再没有发生重大质量事故和安全事故，且产品质量稳定，赢得了客户的好评，企业也取得了良好的经济效益。

后来，刘仁礼又被山东某染整厂聘为技术主管两年、被浙江某印染厂聘为技术厂长一年，直到2005年8月到广西纺织工业学校任教。

刘仁礼大学毕业后从一线做起，经过两三年的锻炼，成为技术骨干，担任分厂厂长，但到广东打工后有勇气、有信心隐去身份，“从头再来”，一年后成长为车间的对色师傅，他的经历令人慨叹。他和许许多多的大学毕业生在企业的成长路径相似：踏踏实实地从基层做起，在长年累月的生产实践中，掌握了专业技能和生产技术，积累了丰富的实践经验，从而具有了专业岗位的能力。这些事例在今天的职业教育教学中，有几点有益的启示：一是对于具有企业经历教师的教学而言，他们的教学内容会更贴近企业，他们教育教学更有的放矢；二是专业教师以自身的奋斗经历教育和激励学生，更有说服力。对于中职学生而言，大学生都甘愿下车间从一线做起，他们也会受到激励。

## 手术室里的配合

文旭东，广西桂林市人民医院主管护师。1990年7月，她从桂林地区卫生学校毕业后，被分配到桂林市第四人民医院工作，后到广西桂林市人民医院工作。在医院工作整整16年，她从护士做到了护士长，从护士长又做到主管护师。16年后，她投入到了她热爱的教育事业。回想往事，她说是这段难忘的医院工作经历，为她在学校从事教育工作打下了坚实的基础。2008年12月，来到学校任教刚满一年的她被评为高级讲师；2010 年 12 月，来到学校任教刚满三年的她，被评为广西中职名师培养工程的培养对象，如今，她已成为护理专业的带头人，这在中职学校教师中算是一个“跳跃式”的发展，也是一个了不起的奇迹。

1992 年，文旭东所在的桂林市第四人民医院的心血管内科迎来一件大事，将对心脏二尖瓣狭窄的患者开展一项新的业务——“经皮球囊二尖瓣分离术”。这是一种介入手术，对心脏的损伤小并且效果好，当时在整个桂林地区是首例。

手术医生的技术对手术是否成功有举足轻重的作用。但是，术中护士的配合、术后护士的护理也至关重要。鉴于文旭东努力工作、虚心请教、一丝不苟的工作态度、熟练的操作技能和工作之余不懈的学习（年三十、元宵节值班，不休探亲假），科里决定把手术中配合的任务交由刚进入医院工作两年的年轻护士——文旭东来完成。文旭东在感到无比兴奋、自豪的同时更觉得责任的重大。为此，她做了最充分的准备，在加强操作技能训练的同时，学习自我心理调节。在手术时，她娴熟地配合主刀医生，首例手术非常成功，患者痊愈出院，对治疗和护理非常满意。随后医院又对六例心脏二尖瓣狭窄的患者实施了“经皮球囊二尖瓣分离术”，均获得满意效果。

为了让更多的护士懂得如何去护理手术患者，文旭东把工作中的经验和体会书写成论文《七例经皮球囊二尖瓣分离术的护理体会》，该论文在桂林市第四人民医院护理论文评比和第三届桂林地区护理学术年会大会交流中均获得乙等奖。

文旭东在医院工作的短短两年时间里进步之快，得益于她虚心好学、认真的工作态度和对护理事业的执着追求。同时，她勇于接受工作的挑战，从而不断提高自己的专业技能，并且善于用文字对技术工作进行总结，这更是为她从事教育工作积淀了厚厚的“沃土”。

## 二、由细微处入手——专业素养的提升

对于企业人士来说，专业素养是指他所从事的专业（如汽车维修专

业、纺织专业、染整专业、服装设计与工艺专业等）应具备的基本素养，主要包含了专业知识素养、专业技能素养、专业情意素养。专业素养包罗万象，它不是简单地从书本上获得，而需要在实践中不断夯实专业理论知识，掌握专业领域的新知识、新技能、新工艺、新方法，提高专业技能素养，提升专业情意素养。不同职业要求具备或养成的专业素养有共性，也有个性，如每个专业都需要有爱岗敬业、团结协作、乐于奉献等精神，而有些专业如汽修专业、染整专业等特别强调吃苦耐劳的精神。

南宁市第四职业技术学校汽车运用与维修专业的李文雄老师，曾在企业工作十余年，并担任工程师。他在一次发动机大修中，洞察到其中的隐患，果断地采取有效的应对措施，避免了安全事故，同时也使自己负责的市政工程按时、顺利地完成。

**洞察隐患，果断应对**

2001 年 9 月，南宁市市政工程总公司的十台红岩 25T 自卸车陆续回厂进行发动机大修。由于该公司承担了南宁市几条市政大道的扩建任务，这十台自卸车就成为这些道路项目土方工程的主力，它们回维修厂大修无疑会影响到工程的进度。

十台自卸车辆开回厂后，作为南宁市市政工程总公司机械负责人兼工程项目机械负责人的李文雄，马上与车间调度，采购员、车间班组长们一起，制定维修方案，选派得力骨干，加班加点地对这些车辆进行维修。当他们把发动机拆卸完之后，李文雄在对发动机曲轴进行检测时发现：发动机曲轴主轴颈、连杆轴颈的磨损量已达到二级甚至三级了。如果按照以前的维修方法，就要加大维修尺寸。如果曲轴的维修等级加大极易破坏到曲轴的减磨层，而减磨层的作用有保护曲轴的作用。他意识到问题的严重性，要求全车间工人逐一对这些曲轴进行检测，发现曲轴减磨层有的已变薄、有的甚至已经没有了。他立即向总公司质检科及厂长汇报，建议更换曲轴。这时又出现令大家左右为难的问题：一是新曲轴价格高，一万多元一条；二是工地急需车辆进行土方工作。如果全部更换新轴，时间也来不及。于是，他果断地决定，对于磨损轻的暂不予更换，磨损严重的就更换。他和全厂员工一起，夜以继日、废寝忘食地连续维修几天。当时正值酷暑，个个都干得汗流浃背，十台自卸车维修好后按时出厂，满足了工地的要求，顺利地完成了市政建设任务！由于李文雄此次指挥正确，调度得当，受到了公司上下的高度赞扬。表现出色的他，两个月后被选派到孟加拉国 Skarpul - dourlikar 道路桥梁项目部担任工程机械管理负责人。

李文雄的出色表现，不仅在于他的高超维修技术，更重要的是他具备了极高的专业素养，遇事沉着冷静，从专业角度判断准确，处理措施得当。在维修工程任务紧、难度大的条件下，他能带领全车间工人团结协作，艰苦奋战，也体现出一名企业工程师具有的良好的职业素养。

**于细微处显职业素养**

急诊科是医院诊治急重症患者的场所，是抢救病人生命的第一线，也是医院面向社会的窗口。作为急诊科护士长的文旭东，深感责任重大，她认为管理工作水平直接影响急诊科的护理质量。在管理工作中要做到“人尽其才，物尽其用”，护士长不仅要引领科室护理发展的大方向，还要注意细节的管理。

2001 年医院正在创三级甲等医院，检查组的护理专家到文旭东所在的科室检查。专家们在观察科室的整体后，专门去查看科室轮椅和平车的情况，对轮胎充气、轴节是否润油、整体清洁度、功能是否正常等情况进行了非常严格而又仔细的检查。专家们对检查结果十分满意，并在大会总结时给予表扬。专家当时讲的一句话让文旭东至今记忆犹新：“连轮椅和平车这些最容易忽视的环节都管理得如此好的科室，其他工作一定会做得非常漂亮。这就是于细微处见职业素养。”

作为急诊科护士长的文旭东，于细微处体现出了“工作细致认真”的职业素养，这除了和她的护理工作职责有关之外，也体现了她个人对工作的高度负责。

## 三、防患于未然——安全意识的增强

汉代刘向在《说苑》中说：“患生于所忽，祸起于细微。”意思是祸患的发生大多是因为事情初期的怠惰和松懈。这句话运用到企业安全管理上，就是任何环节的怠惰、松懈和疏忽都可能导致恶性事故的发生。对于企业来说，事故出自麻痹，安全来于警惕，安全是最大的节约，事故是极大的浪费。企业员工的安全意识，往往会在本行业、本企业、本车间生产中耳闻目睹甚至亲身经历一些安全事故后，受到强烈的刺激、震撼而增强。

**安全生产是第一课**

对于进入工厂第一天的经历，广西纺织工业学校的刘梅老师（现为广西纺织工业学校针织专业带头人，广西中职名师培养对象）仍然记忆犹新。她当时被分配到棉纺厂下属的合资分公司，但以前在学校接触较多的是横机，第一天面对高速运转的槽筒络纱机和针织大圆机，想到可以亲自动手操作了，心里极为兴奋！看着工人娴熟的动作，她心里很羡慕，便跟师傅提出了要试一试，师傅半信半疑勉强同意了。虽然在大学读书时也学习过设备原理，但这个设备确实没有操作过，看着师傅接头、压下筒纱几个简单的动作，她自信地认为这对于刚毕业的针织专业的大学生而言太容易了。她下意识伸手去接线头，当时纱筒正在高速运转，当她的手刚接触到纱筒的瞬间，就感觉到火辣辣的痛，慌忙把手抽回来，发现右手已被擦破了一大块皮。当她跑到工厂卫生所包扎时，医生叹口气问："是新来的吧？"看来新工人受伤是常见的事！受伤的手经过两个月才痊愈。经过这次"血的教训"，她意识到了安全生产教育的重要性！自此以后，每次有新工人进厂，她都会提醒她们注意安全规范的操作。

当刘梅拿起教鞭从事职业教育工作后，也时常跟学生讲述自己入职时安全疏忽的教训，时时刻刻以亲身经历告诫学生，安全来不得半点马虎。

汪薇在服装厂流水线上做车位工时，发生的一起"断针事件"，仍历历在目。

**一枚断针引起的思考**

汪薇刚开始在服装厂流水线上做车位工时，由于车缝技术不过关，每隔两三天就会断一枚衣车针，她随手把断针扔在了地上，就问班长再要一枚新的衣车针用。班长对她说，要用一枚完整的断针换一枚新衣车针，而且要将两截断针贴到一本领料单上，以此证明“以一换一”的事实。她觉得班长故意为难她，心里很不服气。她无奈地回到自己的车位上，蹲在地上扒开所有的衣服堆，一件一件地抖抖，寻找那两端被丢弃的“珍贵”的断针。

后来，当看到班长对身边的员工也都是这么要求的，汪薇才明白其中的道理：在服装厂，每天生产上千件服装，如果员工稍有不慎将断针掉落在服装里面，日后顾客买回去就会造成不必要的伤害。该厂曾经发生过一件港商退货的事：一批服装出货后没多久就全部被退回来，因为客户拆箱抽检发现在其中的一件衣服里面有一枚断的针尖，于是全盘否定，全部退货。企业不仅赔偿了所有运费，而且声誉也受到极大的损害。从这以后，厂领导下令，为了防止危险物品残损部分残留于成品当中，所有的断针必须有记录，决不允许员工的手上多出一枚衣车针！

从这以后，汪薇每天既要飞快地完成当日的产量，又要特别小心地尽量避免断针，与此同时，随着车缝技术的日益提高，汪薇发生断针的现象也就很少了。

汪薇到了职业院校担任专业教师后，她就用这段难忘的经历教育她的学生，告诫他们，千万不要忽略一枚断针的分量，它或许会决定一个企业的成败。

对于职业院校的专业教师而言，具有强烈的安全意识对教育教学具有双重意义。在专业教学中，融入了安全生产的教育，使学生树立牢固的安全意识，既是人身安全的需要，也是财产安全、产品安全的需要。具有企业背景的教师，能够以活生生的安全事例“现身说法”教育学生，学生易于接受，避免了照本宣科、空洞无力的“说教”。

## 四、精益求精——质量意识的形成

产品是企业市场的生命，质量是企业产品的生命。这里的产品，是指有形的产品和无形的产品（服务），企业的产品和服务质量直接关系到人民群众的生活质量乃至生命财产的安全。日本经营之神松下幸之助有句名言："对产品来说，不是100分就是0分。"企业产品的质量检测标准中，或许只要有99%的一等品率就是优秀了，但对于拿到不合格品的1%的客户而言，产品却是100%的不合格。因此，企业人员必须树立强烈的质量意识。而在企业工作过的人士都会经历一些刻骨铭心的质量小故事。

**质量就是企业的生命**

1992年，汪薇被分配到一家生产加工日美订单的外贸服装厂——南宁民族服装厂。一个月后她就被安排到生产车间，和班组工人一样拿起了计件工资。为了能挣更多的计件工资，她开始加快节奏地完成手上的工序。几天后，正当她认为自己高产并得意扬扬地估算计件工资时，质检员气势汹汹地扛着一大堆贴满红点点的衣服丢到了她眼前，她一看就傻了眼，差点没跳起来。"给你三天时间，把这90多件衣服返修好，绝不允许再次返工!"质检员的语气容不得半点商量。整整用了3天的时间，她硬是咬着牙、含着泪把这90多件衣服给返修好了。从那一天起，在她的职业生涯里，永远记住了这句话："质量就是企业的生命，容不得半点马虎"。

众所周知，日本人对质量的要求近乎苛刻，一次，一批日本童装的订单的货期很紧，全厂连续加了两晚的通宵班，这批货在赶出来后连夜运往日本。可是紧接着传来一个晴天霹雳的消息，说是这批日本童装刚下飞机后被抽检了一箱，发现裤裆缝针距偏大0.1cm，所以全部运回来重新返工，改不了的就重做！接下来的7天，全厂上下又陷入了一片忙乱的返工之中，为此工厂和全体员工付出惨重的代价。

这件事给汪薇留下了难以忘怀的印象。"质量是企业的生命"，这是人尽皆知的道理，但只有亲身体验，才知道其中的分量。当她走上讲台、走到服装实训室后，她总是给学生灌输强烈的产品质量意识，时刻提醒她的学生，一定要重视现在作品的质量，这些作品就是以后在工作岗位的产品。她在实训教学时，要求学生把作品当产品，丝毫不得马虎。

## 破洞与 17 把剪刀

刘仁礼在佛山嘉华染整厂刚下到车间做对色师傅时，车间发生了几起在 5 号机染色出缸后发现布面有许多破洞的现象。坯布进厂都经过了抽检，而且染色工都否认坯布有破洞。大家都怀疑是染色机内壁有尖锐物造成。于是安排修车工钻入染色机小心翼翼地戴着手套在机内壁触摸，并没有发现有粗糙、尖锐的地方。修车工爬出来，说什么也没有发现。刘仁礼半信半疑地走到染色机旁边，用手电筒朝黑乎乎的加料槽一照，惊讶地发现里面有一把剪刀！修车工打着手电筒重新钻入染色机内，重点检查加料槽。“好家伙！怎么有这么多小剪刀掉到这里了！”修车工似乎有了重大发现，情不自禁地喊起来！他源源不断地把一把把小剪刀递了上来。上面的人跟着数：1，2，3，…15，16，17！简直不敢相信，居然捞上来 17 把剪刀！这真是一大奇观！这些剪刀哪儿来的呢？原来是天气冷了，染色工都喜欢面朝过道坐到 5 号机的盖板上聚在一起聊天，而染色工都有一个习惯就是喜欢把剪布用的小剪刀插入裤子后袋。当他们起身后并没有注意到小剪刀是否还在，等到剪布时才发现剪刀不见了，以为是被别人偷去了。原本车间也规定严禁坐在盖板上，上班不许脱岗聊天的，只不过工人并没有严格遵守，管理人员也觉得无奈。现在发现这不单是违纪的问题，而是关系到了产品的质量，再不严抓管理，以后难免会再出现其他质量问题。刘仁礼意识到质量与管理息息相关，当即召开现场会，把 17 把剪刀排列在那里供大家“观赏”，重申上班不可坐在盖板上，不可脱岗聚众聊天，违者将被处罚。自此，染色车间再也没有发生过类似的质量事故，车间的管理也上了个新台阶。

质量与管理息息相关。在企业工作过的人都知道，在技术水平都相当的情况下，哪一家企业管理到位，哪一家的质量就过得去。因此，也有人提出“管理就是生产力”的观点。强烈的质量意识，对于从企业转型到学校任教的教师而言很重要。他们在职业教育教学中，会更关注三个质量问题：一是教育教学的质量，对于职业院校，学生的培养质量就是学校的生命，而严抓教学管理，也是提高教学质量的保证。二是不仅关注学生就业质量，而且更关注学生在其职业生涯的持续发展。三是教育学生要树立强烈的质量意识，从实验实训的产品质量抓起，再就是到企业实习、工作之后，更要有“质量在我心中，质量出自我手中”的意识。

## 初试 TQC

在进入工厂的第三年，刘梅被安排进入技术部门担任“全面质量管理技术员”，从事分厂的全面质量管理工作（即 TQC 工作），以前还没有设过这样的岗位，设立专职 TQC 管理员还是第一次。TQC 是英文 Total Quality Control 的缩写，起源于美国，后来在其他一些工业发达国家开始推行。20 世纪 90 年代以来，全面质量管理在国内得到了进一步的扩展和深化。其特点是把以前以事后检验和把关为主转变为以预防和改进为主；从管结果转变为管因素；把影响质量的诸因素查出来，抓住主要方面，发动全员、全企业各部门参加全过程的质量管理，依靠科学的管理理论、程序和方法，使生产的全过程都处于受控制的状态，以提高产品质量。因为没有任何经验借鉴，这项工作开展之初并不太顺利。首先是员工的不理解、不认可。他们已习惯常规管理办法，觉得实行全面质量管理太麻烦。为此，刘梅去专门机构进行学习培训，查阅了大量书籍和杂志，了解发达国家企业的先进的管理方法，并组织开展了员工培训，让员工了解 TQC 的内涵和意义。接着，她发动各车间成立 TQC 质量攻关小组，发掘过程质量问题，按 PDCA（管理循环）循环四个阶段实施，将各项任务、目标按照计划、实施、检查、处理这个过程不断反复进行，一个循环接着另一个循环，给每一次循环都赋予新的内容，好像车轮一样，转动一次工作就前进一步。质量攻关小组确立后，刘梅建议各个车间都配备兼职 TQC 管理员，得到了领导的支持，每周她都与各车间管理员沟通，及时检查质量攻关小组的工作进展，并提出整改意见，将 TQC 工作纳入经济责任制考核项目，调动了车间工作的积极性。功夫不负有心人，在第二年南宁市质量攻关小组的成果发布会上，有两项获得了二等奖。

刘梅在参加 TQC 质量攻关小组工作的过程中，收获更多的是观念的更新和对企业综合的、全面的经营管理方式和理念的一个全新认识，这为她后来从事职业教育工作，将企业全面质量管理引入实训室建设，引导学生树立全面质量意识，积累了成熟的经验，提供了丰富的素材。

## 五、勇于实践——改革意识的培养

教育教学改革需要创新意识，需要创新思维，在改革中创新，在创新中发展。树立锐意改革、勇于开拓的创新意识，全面提升人才培养质量，是职业教育发展的必由之路。在改革中不断培养创新意识，同时又以创新的思维促进改革。对于在企业长期工作的人来说，技术革新是改进产品质量、提高生产效率的原动力，因此技术人员在小改革中不断培养创新意识、创新思维，为今后教育教学的改革打下良好的基础。

### 小技改，大效益

刘仁礼大学刚毕业，喜欢琢磨生产出现的问题，也喜欢研究技术小革新。在第一年，他发现每次用硫化染料染黑色棉布时，染完就将残余的染料排掉了，很浪费。于是他提议使用“硫化黑连缸染色”的方法，经过多次生产实验证明可节约染化料 30% 以上，此项小技改获得了企业的“节约奖”。

当时，广西田阳毛绢纺织厂以生产出口的高支绢丝为主，虽然也织造绢绸，但以练白绸为主，很少有染色产品。刘仁礼下决心要增加绢绸产品的附加值。于是，他到广东、上海、江苏调研和考察，但当时市场上颇为流行的真丝绸砂洗技术还处于“保密”状态，根本不能进车间去看。但他向一位已退休在家的上海丝绸研究所的高级工程师虚心请教，在她的旁推侧引下，终于了解了生产流程，但核心技术还是没有得到。回厂后，他创建起了砂洗车间，经过无数次失败的试验后，终于生产出了手感柔软、绸面灰度均匀的砂洗绢绸新产品，改变了广西没有砂洗绢绸的历史。

在企业，像刘仁礼这种小技改屡见不鲜。改革创新，从“小处”

着手易于成功，很快就会有成效。在企业担任过技术人员、工程师的转型教师，大都会有尝试小技改而成功的经历，这是在企业生产过程中自觉养成的改革创新行为。在企业，这种改革创新行为是针对企业中具体的生产技术改造的，培养了他们改革创新的意识。而在职业院校，或许对技术改造要求不高，但对教育教学方法的改进、教育教学改革的研究却是教师专业成长的必经之路。虽然企业的技改对象和学校的教研对象、内容截然不同，但这种主动、自觉的改革创新行为却是共性的要求。

### 试用中草药治疗压疮

1995 年 6 月，文旭东所在医院的科室里收治了一名因鞭炮厂爆炸导致烧伤面积在 90% 以上的女性患者。经过治疗，患者安全度过了休克关和感染关，全身大多数皮肤经过治疗和护理已经长好，唯独骶尾部的皮肤因为受压的影响始终无法愈合，形成三度压疮，影响患者出院。

如何解决这一问题？当时科室护士运用了多种以往治疗压疮的办法，但效果均不佳。文旭东坚信“书中自有黄金屋”，通过自学、请教和查询资料，拟定了用乌泡刺来治疗该患者压疮的方案。通过乌泡刺的治疗，用药后 1 ~3 天炎症反应逐渐减轻，疮面分泌物明显减少，肉芽组织向中心部生长迅速。乌泡刺治疗压疮效果好，无毒副作用，疗程也比以往治疗的短。

其后，文旭东还将此方法进一步实验，得到肯定效果后在医院内推广，有效地解决了压疮治疗的难题。她还撰写了论文《乌泡刺治疗Ⅲ期压疮疗效观察》，发表在了《护理学杂志》上。

任何事情如果只停留在臆想，永远无法做成，更谈不上改革与创新。改革创新意识的培养贵在行动。具有企业背景的教师在日常工作中不畏艰难，敢于突破旧思维，寻求解决问题的方法，渐渐养成了良好的改革创新意识。

## 六、连续作战——身心素质的养成

在企业，生产任务繁重时，许多人都会享受到一种待遇——加班。

而有些行业企业，加班是家常便饭。有些企业虽然不叫加班，但却是两班倒，每班工作 12 小时，白班与夜班轮流交替，过着“黑白颠倒”的生活。因此，很多从企业转型到职业院校的专职教师，往往能经受住高强度的连续加班的工作，这与在企业养成的良好的身心素质不无关系。

### “三班倒”的酸甜苦辣

刘梅还记得当年进厂一周实习结束后，紧接而来的就是被安排到车间机台过“三班倒”的生活，这是每个大中专毕业生到该厂后的“必修课”，作为刚毕业大学生的她也不例外！开始的一两天，她还觉得很新鲜，觉得白天可以有更多的时间来安排自己的事情！而且虽然是倒班，却也只是协助挡车工打打下手，没有计件压力，没有质量压力，开始的倒班日子过得还是很轻松的！但很快地，这种作息周期的弊端就显露出来了，夜班过后白天睡不着觉，中班到了 10 点就犯困，上夜班要经过厂区一段偏僻的小巷，每次路过都心惊胆战！带着各种担心，她开始了“三班倒”的节奏。一个月下来，倒班带给她的，是原来有规律的生活状态的改变：大部分休息时间在补瞌睡，上班昏昏沉沉，中班和夜班还要协助将近百斤重的坯布卸下来，称重、入库，每天下班后腰酸背疼，进食没有胃口，一下子瘦了好几斤。那段时间是她心里最困惑和苦闷的阶段，想过放弃，想过换工作，心里多次矛盾着挣扎——自己连这点苦都扛不住？也抱怨过：其实有其他的选择，为什么会走这一步棋？而在接触了很多同事并融入这个集体之后，心里便慢慢平静下来，她开始明白：选择一个工作，就要接受它的性质。那么多人都在倒班，都能过下来，她为什么就不能做到呢？在融入工作团队后，刘梅开始参加车间的各种活动，积极跟工友们交流想法，工友们给她提了很多克服倒班困难的好办法，鼓励她调整好生物钟，夜路也有了同事相伴而行。在看到师傅们认真工作时，甚至被很多人鼓励时……她那些不成熟的想法和困惑都慢慢淡去了。从此夜班不再让她感到苦恼！半年的倒班日子还未结束，她很快便被公司安排到行政岗位工作。

对于每个初到企业的大中专毕业生来说，“三班倒”“两班倒”是必修课，坚持下来，才能适应。这不仅是个人成长过程的一种考验，也是企业对个人身心素质的考验。这段“三班倒”日子一直印在刘梅的心里，生活就是一种磨炼的过程，经历就是财富。她所在学校纺织类专业学生下厂后大部分一开始都会安排在生产第一线，感受“三班倒”的生活，因为有了这一段经历，她可以与学生一起，分享经历和感受，每当学生顶岗实习遇到困惑，每当适应不了实习期运转班而跟她“吐槽”时，刘梅都会用自己的经历开导她们，倒班不可怕，可怕的是心就这样倒了。人生总有几段黑路，每个人需要给自己亮一盏心灯，点亮心里的“不倒翁”。

**“钢铁”是这样炼成的**

汪薇大学毕业后刚到南宁民族服装厂，难以适应加班的节奏。每天下午下班前，她最怕看到的就是车间主任在门口的黑板上贴出“今晚加班”的通知。她曾跟班长和车间主任编造各种理由来逃避加班。

有一次，一批美国休闲裤的交货期很紧，全车间10个班组被通知要连续加班一个月，每天加班至少2小时。她心里极不情愿，但还是跟大家一起加班，那一个月每天早上天亮去上班，加班到深夜才能回到家，日复一日，煎熬的一个月过去了。

渐渐的，一年过去了，她已经慢慢适应了这种加班的工作方式，也逐步能理解服装厂加班的必要性，甚至有时她还会主动请示主管：“今晚还要不要加班?”

汪薇到了技术部做样衣纸样之后，港商派来的跟单员Tom是个脾气很急躁的人，今天布置的任务他恨不得明天就要完成，每天他总是在工作室里面不停地走来走去，一边走一边催，几个技术员的神经整天处于高度紧张状态。汪薇为了尽快完成Tom下达的生产任务，每天下班时间到了之后都会主动加班，实在做不完的就挑灯夜战，用最快的速度把纸样赶出来。时间长了，表面严肃的Tom也被她这种敬业精神感动了。

身心素质是身体素质与心理素质的合称。良好的身心素质指既有健康的体魄和旺盛的精力，又有坚强的意志、积极向上的情感力量。良好的身心素质绝不是一朝一夕就能养成的，它的形成是一个身心素养由量变到质变的过程。

## 年底收官之战，连续奋战 30 小时

2000 年，刘仁礼在佛山嘉华染整厂担任甲班对色师傅，全权负责甲班的生产技术、生产管理。

临近春节放假的那两天，对于对色师傅而言，任务最繁重。厂部通知次日中午就放假了，需要把所有的生产订单完成且出货之后才能收官，绝不允许留下任何一缸布搁置在车间内。正常情况下甲乙两个班轮流，但刘仁礼在上午刚上班就被告知，乙班对色师傅有急事已请假回家，两个班的生产均由他负责！本来厂长也可以临时顶一个班的，但厂部说厂长也回家过年了。两个班，意味着 24 小时呀，好在有“明天放假”的好消息作支撑，他咬咬牙，必须顶住！他从第一天的早上七点钟开始上班，忙着对色，开处方，处理生产中出现的问题，到生产现场查看工人操作，转眼到晚上七点钟，甲班的工人下班了，乙班工人来接班了，他还得继续干下去。按计划，到第二天早上七点乙班下班时，要完成所有的染色任务，但有几缸布却出了点意外，还在继续染色中。这回乙班的工人下班了，甲班工人来接班了。尽管他已连续奋战 24 小时，身体已疲劳不堪，但眼看胜利在望，他就硬撑着。到了中午，所有的染色任务完成了，经过脱水、烘干，定形，检验，包装，目送着货车把所有的成品运出大门，他终于松了一口气，总算“不辱使命”。在下班的路上，他算了算，已连续奋战 30 小时了。而最令他得意的是，他一个人干两个人的生产技术和生产管理的活儿，而且干得漂漂亮亮的，没有留下任何“疑难杂症”，圆满地打胜了“收官之战”。

连续奋战在生产一线 30 小时，这仿佛是一场挑战生命极限的战斗。这就是企业，没有任何商量的余地，然而他做到了，圆满地完成了生产任务。更重要的是，这除了是对他生产技术、管理能力的考验外，更是一场身心素质的历练过程。

长年累月在企业工作中培养出来的这种吃苦耐劳、乐于奉献的精神，并能时刻保持着愉快的心情，这是绝大多数有企业工作背景的教师的共性。在以后的教育教学工作中，他们具有的这些共性淋漓尽致地表

现了出来。这种劳作，是“学校到学校”类型的教师无法体验到的。而在这过程中，具有企业背景的教师，不仅是身体和身心的历练，而且在工作中也悟出了专业的精髓。从事职业教育教学工作的教师，同样需要良好的身心素养，才能承担任务繁重的工作，才能保持健康的身体和积极向上的乐观心态。在实践中的蛰伏，也因此成为职业教育教师的宝贵财富。

## 小　结

具有企业背景的职业院校教师，在企业真实的职业环境中所积累的丰富的实践经验、练就的综合能力、养成的良好的职业素养及身心素质，为他们在职业教育中发挥专长、成长为名副其实的“双师型”教师乃至专业带头人、教学名师奠定了坚实的基础。

专业实践能力是中等职业学校专业教师最重要的核心能力。目前我国职业教育教师专业化制度的缺乏以及教师培养模式、途径的单一化，造成了教师的专业实践能力普遍较弱，教学内容跟不上企业对人才的需要，这对职业教育的发展极其不利。究其根源，由于我国的职业院校教师大部分是大学毕业即到学校教学，专业实践能力极为薄弱，导致培养的技能型人才质量不高，也制约了职业学校专业的发展。

近几年来，教育部门也下文规定专业教师每两年至少要到企业锻炼或挂职两个月，但实际上并没有严格执行。平时职业院校教师教学任务繁重，假期也有各种培训任务及招生任务，真正下到企业全程参与生产的专业教师极少，动手操作能力并没有得到明显的提高，总之，远没有达到预期的效果。

而企业背景教师，是从生产一线成长起来的技术骨干，熟知产业发展趋势、企业生产组织方式、工艺流程和工艺条件，熟悉企业相关岗位（工种）职责、操作规范、用人标准、管理制度及企业文化等具体内容，明晰生产领域中应用的新知识、新技术、新工艺、新方法，练就了较强的专业实践能力，这恰恰是职业教育的核心所在。“磨刀不误砍柴工”，企业背景教师在企业的“蛰伏期”，虽然表面上与职业教育无关，但他们一旦转型为专职教师，就会“水到渠成”。因此，我们也不难理解发达国家对职业教育教师的准入提出的最重要的条件之一就是要有一定年限的企业实践经验了。具有企业经历的教师，正是身份上从“企业转型来”，而在职业教育的专业教学时，内容却是“回到企业去”，因而如鱼得水，所有这些，正是那难忘的“蛰伏期”所赐。他们在企业蛰伏的无数个日日夜夜，远离嚣喧和浮躁，耐得住企业的沉寂，与企业同呼吸、共命运，经历着无数个难忘的成长事件，饱尝着成长过程中的酸甜苦辣，不仅练就了娴熟的专业技能，积累了丰富的实践经验，养成良好的职业素质，而且悟出了专业、职业、行业的精髓。

不妨做个大胆的设想，假如我国职业教育的专业教师的准入条件是必须在专业领域的企业中工作一定的年限，那我国的职业教育质量就会有一个质的飞跃。也许会有人提出质疑，光有实践能力就能胜任职业教育教师吗？他们懂得教育规律吗？许多职业院校和教师对企业背景教师最一致的评价就是“实干”——他们是战斗在职业教育一线的脚踏实地的实干家。而实干精神，正是企业的灵魂！实干精神通俗点讲就是能吃苦耐劳、踏踏实实、兢兢业业地去完成自己的本职工作。因为，本领可以学，教育教学理论也可以学，而吃苦耐劳的品质是学不来的，这是长期在企业锻炼的结果。

从身边的众多的企业背景教师的专业发展历程来看，他们确确实实需要弥补职业教育学和心理学方面的知识和素质。然而，绝大部分人均能在较短的时间里成长，这也得益于他们在企业所养成的优良的职业素养，他们学习新知识的劲头足、领悟能力强，最终击破了许多人对企业背景教师“不懂教育理论和规律”的表面认识。在医院工作十六载之后才转型到桂林卫生学校的文旭东老师，短短一年的时间，就被评为高级讲师及护理专业带头人，有力地印证了这一事实。

# 转型篇

从企业转型到职业院校担任专业教师，即具有行业、企业背景的专任教师，简称为企业背景教师。虽然他们掌握了娴熟的专业技能，积累了丰富的实践经验，养成了较高的专业素养。但是，在企业是做实实在在的产品，而在职业院校从事教育教学工作，面对的是活生生的、颇富个性的、文化基础参差不齐的学生，两者工作的环境、对象、内容、方法都有很大的不同。

从一名企业的技师或工程师转型为职业教育教师，欠缺哪些素质和能力呢？如何弥补才能顺利地转型成一名合格的职业院校的“双师型”教师呢？这是企业背景教师面临的问题，也是最迫切需要解决的问题。

与原来在企业从事产品开发与设计、产品生产和车间管理等工作相比，企业生产是一门纯粹的“技术”，而职业教育教学不仅仅是一门“技术”，更像是一门“艺术”。对于曾长期工作于企业的技师或工程师，转型为合格的“双师型”教师，需要弥补的恰恰就是“教育艺术”——师德修炼、教学技能、育人方法、教科研方法，等等。从事职业教育教学，需要高尚的师德和职业道德，而企业背景教师的职业素养也是参差不齐的，需要加强自身的修炼。

职业教育与基础教育不同，有其特殊性。作为职业院校的教师，要熟悉党的职业教育方针、政策，要有正确的价值取向和较高的政治素养，忠诚于党和人民的教育事业；要树立“教书育人，育人为本，德育为先”的职业教育理念，要具备一定的职业教育教学理论，掌握职业教育教学的手段和方法；不但要有教学设计能力，更要有掌控课堂的能力；既要有良好的表达能力，又要有能与学生良性互动和交往的能力。职业教育教学不断发展，充满了希望，但也面临着种种严峻的挑战，这就需要职业院校教师与时俱进，在不断反思中成长，在反思中提高教育教学的能力。而种种这些与教育教学有关的能力，恰恰是企业背景教师所欠缺的、迫切需要弥补的，否则，他们的教学就是纯粹向学生灌输专业知识的“死教书”而不是培养全面发展的人才的教育教学行为。职业教育不缺少“教书匠”，需要的是高素质的“双师型”教师。

具有企业背景的教师在专业技能、生产实践方面具有独特的优势，但要成长为一名合格的、名副其实的“双师型”教师，单靠“专业技能”这一翼是不行的，还要培育“教育教学能力”这一翼，只有“比翼双飞”，才能飞得更高更远。

从企业转型到讲坛的教师，初次登台，往往会发觉自己在教育教学方面存在许多不足之处，还需要在教育实践中不断地更新知识结构，距离一名合格的“双师型”教师还有较大的差距。尺有所短，寸有所长，只有他们在教学中能充分发挥自己的强项——把丰富的实践经验、娴熟的技能、较高的职业素养淋漓尽致地应用于教育教学中，他们的课堂才会充满激情和活力，才能吸引学生，从而提高人才的培养质量。很多企业背景教师，因为认识到自己的特长所在，所以并没有因为自己的教育教学技能欠缺而放弃自己的特色，而是在自己的专业特长之上，用教育理论武装自己，使自己教学技能的提高如虎添翼。

实践是检验真理的唯一标准。所有教育理论的学习，最终要回归到教育教学实践中来，并以课堂教学效果、教育质量来检验转型的效果。可以说，转型效果的优劣、质量的高低，会决定企业背景教师今后专业化发展的程度。高质量的转型，会为他将来成为专业建设的骨干教师、专业带头人、教学名师奠定坚实的基础。

## 一、初上讲坛，教然后知困

中国古代伟大的教育家孔子在《礼记·学记》中云：“是故学然后知不足，教然后知困。知不足，然后能自反也；知困，然后能自强也。故曰：教学相长也。”从企业转型到职业学校担任专职教师，他们在全新的教育教学领域里，发现了自己在教学方面的种种不足，遇到许许多多令人困惑的问题，如教学组织不当、信息化教学水平低、没有“读懂”学生等诸多“前所未有”的问题。

### （一）教学组织不当

每一个从企业转型的中职专业教师虽然基础不同，但是在上“第一课”时，他们都会发现自己的不足。与从“学校—学校”的教师特别是师范院校毕业的教师相比，他们普遍缺少有效的教育教学手段和技巧。因此，这一经历特殊的教师群体在转型期需要一套科学的方法来指导，而每个教师又要根据自己的特长和不足，一方面要有针对性地去学习（包括系统和非系统的学习）、培训、训练、改进、提高。另一方面则是要在教育教学实践中，边实践边反思，虚心好学，积极向上，不断提高自己的教育教学水平。

**他卖力“吆喝”，学生并不买账**

柳州第一职业技术学校的许平老师，曾在汽车制造企业工作10年。他转行到职业学校，觉得从事职业教育工作应该是一件很简单的事情。他认为自己具有丰富的社会实践经验足以应对教育教学中的任何问题。初上讲坛，他信心百倍，踌躇满志。为了上好从教的第一次课，他做了充分的准备，连上课的开场白他都演练了好几遍。可当第二天许平老师踏上讲台，台下的五十多名学生的目光“聚焦”在他这位新来的教师身上时，他既感到紧张，又感到兴奋，完全忘了预先准备的开场白，他开门见山直扑课堂的主题，为了显示自己具有丰富的实践经验，他滔滔不绝地讲授相关的专业知识。尽管他在台上非常卖力的“吆喝”，可他发现学生的学习兴趣并不高，都一脸茫然地看着他在台上眉飞色舞，仿佛教师讲授与学生的听课是两个不能相容的世界。本来想在“第一课”大显身手，给学生一个好的“第一印象”，但两节课下来，他觉得很失望，一种从未有过的挫败感油然而生！问题出在哪？下课后许平老师径直走到校园的僻静处，在脑海里“反复回放”这一次课的每个细节、自己的一言一行、一举一动、学生的反应，还是百思不得其解。他到教研室虚心地向老教师请教。有一位老教师意味深长地对他说：“‘职业教育’不是把‘职业＋教育’这两个词如此简单地组合在一起，而是将教学对象、教学方法、教学环境相互融合渗透。只有让学生在对应的职业氛围下学习，按照属于他们的认知规律开展教学，才会收到满意的效果。”许平老师似懂非懂地一个劲地点头。他忽然觉得职业教育深不可测，自己欠缺的太多了，教育教学能力他不具备，职业教育理念他更缺乏，他需要去学习。

此后，许平老师经常去书店购书、图书馆借书，他觉得首先要认真研读教育学、心理学的书籍。许多观点对于他来说都是新颖的，如新课程背景下的“教师观”“学生观”，完全颠覆了他原来肤浅的看法。

许平老师第一次在讲台上卖力“吆喝”，学生为何不买账？或许是因为他没有关注学生，或许是因为他讲的内容激不起学生的兴趣，或许是因为学生难以接受他的表达方式？许平老师认为最大的原因可能是他的教学组织方式存在问题，这是具有企业背景的教师在初上讲坛的弱项之一。总之，他觉得他的教育教学方法是需要改进的。和许平老师一样，许多从企业转型来的教师在初上讲台时，会发觉自己在教育教学方面欠缺的不仅仅是语言表达能力，还有教育教学的手段和方法。他们意识到要上好一节专业课，绝不仅仅是45分钟的功夫，课前还需要做很多“功课”，可谓“功夫在诗外”。

### （二）信息化教学水平低

备课、上课、作业批改、辅导、考核是教学过程的五大基本环节。企业背景教师，必须清楚每个教学环节的基本要求，做到环环相扣、步步落实。初上讲坛，有相当一部分企业背景教师，连起码的计算机应用基础都没有，更谈不上用电脑写教案和制作课件了，这与信息化教育格格不入，如果不学习，将永远落后于其他教师，甚至面临着被淘汰出局的危险。对于他们，教育教学的一切都要从“零”学起。虽然从“零”起步，入门较晚，但他们与新毕业的大学生不同，有一股在企业养成的拼搏劲和不服输的精神，因此他们教学的基本功往往有着跨越式的进步。

## 写了一晚的教案失踪了

带着满腔热情、憧憬着职业教育的美好未来，2005 年 8 月刘仁礼从企业转型到了广西纺织工业学校，担任一名专业教师，开始了他的职业教育教师生涯。

教师上课与企业上班完全不一样，上课是需要备课、准备教案的，而原先在企业事前无须准备资料，直接到现场解决生产中存在的问题就可以了。对于初上讲坛的他，一切从“零”开始——备课、写教案、上课，对待每一个环节他都认认真真，不敢有丝毫的马虎，教研组的每一位教师都成了他的辅导老师。

之前在企业工作十三年的他，从未使用过电脑，是名副其实的“电脑盲”。他只能边练打字边写教案，第一天晚上居然发生了一件“怪事”：他写了一个晚上的教案在电脑上“失踪了”——在进行文字编辑时，他对于字体的颜色很好奇，于是把整个文档由黑变红，由红变白，结果打了一晚的教案全变成了空白，他以为教案内容不小心被误删了，当时连“反悔键”（撤销键入）都不会使用，只好关闭了“空白”文档；当提示提醒他是否要保存文档时，他认为“空白”文档没有保存的意义，就点了“否”，结果彻底地失去了辛苦写了一个晚上的教案！

后来碰到的问题越来越多，如要在文档中插入一张图，却只看到一个空白的框，图案却显示不出来；而文字的上下标也不知怎么标上去；上课还要做课件，而他却不知从何做起……每天上班，他都带着许多“疑难杂症”去请教同事。接着他又开始学习制作 PPT（演示文稿软件）课件。因为当时学校的多媒体教室很紧张，要想使用必须提前一二周预约才行，所以一学期下来也排不上几次。现在想来，他当时做的PPT课件大多是教案的“文字搬家”，只是省去了在黑板上的板书，严格来说算不上是“多媒体课件”。但是，对于初学电脑的他，能在PPT课件中插入图片、链接一段视频，已实属不易。

功夫不负有心人，他渐渐地入门了，但还是碰到很多问题，当同事们发现他请教的那些问题他们也不懂或没见过时，他们才意识到在短短的几周时间里，他的计算机应用水平已经“突飞猛进”！

时过境迁，通过努力地学习和实践计算机应用知识，如今刘仁礼老师已能自如地用电脑编写教案、教学设计和制作PPT课件了。在2013年广西中等职业学校“创新杯”教师信息化教学设计和说课大赛中，他获得了三等奖，虽然这只是一个小小的奖项，但对于计算机应用起步较晚的他来说，参加信息化大赛真是“初生牛犊不怕虎”。

信息化教学，是职业教育发展的必由之路，可以全面提高信息技术在教育、教学、管理和科研等领域的应用水平，支撑职业教育改革创新、强化内涵和提高质量。总体而言，企业转型教师初上讲坛，他们的信息化教学水平较低，除了受计算机水平的限制和思想观念的制约之外，要重要的原因是他们的现代信息化与课程整合的能力较弱。他们急需参加教育信息化与教学整合方面的培训，全面提高运用现代化信息的技术水平。事实证明，企业转型教师，只要拿出在企业的那种“从头再来”的勇气和胆识，经过努力学习，信息化教学水平就会得到显著提高，也就清除了他们在专业化发展道路上的“绊脚石”。

刘仁礼老师应用计算机备课、写教案、制作课件，是他转型期间最大的挑战——一切都是从“零”开始的。难能可贵的是，他虚心好学，边学边用，肯钻研，敢于尝试。这种锲而不舍的精神，源自于他在企业养成的良好的职业素养。

### （三）没有“读懂”学生

有效教学是指教师在先进教学理念指导下进行教学，学生获得具体的进步或发展。是不是每位教师的课堂都能达到有效教学的目的呢？答案是否定的。即使是同一位老师，在连续的两节课或四节课里，也不一定能自始至终地保持着教学的有效性。初涉教坛的企业背景教师，极易忽略教学的有效性。分析其原因，最大的问题首先是教师过多地关注自己的教学行为，而往往容易忽视教学的主体——学生。有效教学，离不开教师对学生的关注。关注学生的前提，是要读懂教学对象——学生。

**上好课的前提：读懂你的学生**

刚到中职学校任教，最令南宁市第一职业技术学校的黄煜老师感到印象深刻的是课堂上学生的表现与他的想象截然不同。在他的印象中，课堂上应该是学生如饥似渴认真听课的“勤奋图”。可第一次上课时他才发现，这种认真学习的场景根本不存在，一部分学生到教室就是睡觉，一部分人上课就是玩手机或看小说，还有的学生则心不在焉，当然也有非常认真听讲的学生，但总体学习气氛不浓厚，他感到非常失落，更感到迷惘，也影响了他的上课情绪。

黄煜老师带着困惑向一位老教师请教，他语重心长地对他说：“要上好课，必须读懂你的学生。”这句话点醒了他！是啊，为了上好课，他认真准备教材、准备教案、准备教学方法，却忽略了最重要的一个因素——学生。“知己知彼，百战不殆”——首先要做到“知己”：自己从企业过来，具有丰富的生产经验和娴熟的操作技能，但是教学经验不足，应扬长避短；要做到“知彼”——必须了解学生，熟知他们的文化基础、兴趣爱好，并与他们保持良好的沟通与交流。“教学”是教师与学生双方的事，不是教师简单地“讲授”与学生机械地“学习”的单向关系，而应是师生双向的互动。

课堂效果的优劣，功夫既在课堂上，也在课堂外。黄煜老师发觉，充分利用上课之前和下课之后的短短几分钟与学生交流，就容易拉近教师与学生的心理距离，能增加学生对教师的认同感。因此，每次上课他都会提前十分钟到教室，可以和学生聊专业、聊学习，也可以聊生活、聊趣事，特别是要关注那些上课会走神的学生。提前十分钟到教室还有意想不到的收获，那些爱迟到的学生知道老师早早来到教室，也就不好意思姗姗来迟了。而下课间隙的交流，则较有针对性地询问学生是否已经掌握了知识，还有哪些疑问……学生见老师课间这么随和，就没有了隔阂，也乐于敞开心扉。通过与学生的交流，黄煜老师不断改进教学方法，也收到了良好的课堂教学效果。

关注学生，就必须关注学生的进步和发展，尊重学生的主体地位，职业院校教师在课堂教学上要有强烈的“学生存在”意识，如果教师教学时“目中无人”，唱独角戏，离开学生的“学”，就无所谓教师的“教”。教育学指出：“教学活动是教师与学生进行情感交流、观念碰撞、技能传授的双边互动的发展过程。”构建主义认为：“教学活动是教师与学生双边有效互动活动的统一体和综合体，包含了众多的教学要素和环节。其中，教师、学生、教材、环境等，是教学活动的重要组成要素。”

正如黄煜老师初上讲台一样，许多企业转型教师在一开始都会忽略学生，后来才意识到要关注学生、了解学生。要读懂学生，即要真正地了解学生的学情，课堂上必须要注意观察学生的表情和言行，多与学生互动，才能创造师生思想交流碰撞的火花。只有细心和耐心地读懂学生，诚心地走进学生的心灵，从学生发展的需要和社会对人才的需求出发，用心挖掘学生学习的兴奋点，有的放矢地去备课、去组织整个教学过程；遵循学生的身心发展规律，循序渐进；注重学生的参与面和参与度，注重对学生的引导和鼓励；关注学生的全面发展。“读懂学生”是一门高深的学问，只有读懂之后，才能“对症下药”。久而久之，他们的课堂才能吸引学生。

### （四）课堂掌控能力不足

备课是一个静态的过程，而上课却是个动态的过程，课堂上许多生成性的东西不可预见。面对课前没有预见到却在课堂上突发的教学问题，教师必须根据课堂实际情况灵活地应对，引导学生将注意力集中并保持在教学活动上。这就是对一个教师课堂掌控能力的考验。由于中职学生文化基础参差不齐、兴趣爱好迥异，他们的学习积极性、主动性不同，在课堂纪律、教学环节上常常出现难以把控的局面。而对于刚从企业转型来到职业学校的教师，往往存在对课堂掌控能力不足的问题，尤其是在专业教学中，该如何应对那些在课堂上喜欢“捣乱”的学生，更是对他们的一种考验。这既关系到教学效果的达成，也关系到教学任务的完成。

## 课堂演示：学生“捣乱”带来意想不到的效果

初上专业课，刘仁礼老师总感觉学生在课堂上常常面露“惑色”，毕竟学生没有接触过实际生产，对许多专业知识感到疑惑不解是情理之中的。如何解决这个问题？当时，实验室条件有限，多媒体教室数量也很有限，专业课堂还是以“一支粉笔教专业”的讲授法为主，刘仁礼老师开始尝试在教学技巧上加以改进，但还是没有办法完全解除学生的“惑色”。

刘仁礼老师从教材的内容上审视和分析，隐约发现了弊端所在——教材上的专业理论深奥难懂，中职染整技术专业居然与高职染整技术专业“共享”同一教材，而高职的教材内容与大学本科也没有多大的区别，这就是问题的症结所在。要化难为易，就要让教材内容直观形象。刘仁礼老师突发奇想：如能在课堂上进行演示，学生岂不是容易理解？

刘仁礼老师把实验器材搬到了课堂上，学生颇为好奇。当上课铃声响起，他直奔主题：“同学们，为何棉坯布要煮练呢？”学生纷纷抢答：“因为没有脱蜡！”“因为有棉籽壳！”“因为没有润湿性！”……“好，下面我做一个演示，来验证同学们的回答是否正确！”他同时将两块布放入水杯中，一分钟之后，已煮练的那块布的布面被水完全润湿并慢慢地沉入了水底，而5分钟之后那块没有煮练过的坯布水面上那部分仍保持干燥并浮于水平面上。正当他暗自庆幸演示成功时，一个平时较为调皮的学生王冲（化名）站起来说：“我有办法让那块坯布沉入水里！”刘仁礼老师备课时没想到会有学生上台来“挑战”，觉得这学生分明是来“捣乱”的，但还是说：“你来试一试！”王冲不慌不忙，以一种挑战者的身份走到讲台边，先用眼神扫了一遍全班同学，然后伸出食指将浮在水面上的那块坯布用力地摁进水里，嘴里还念念有词：“我就不信它沉不下去！”。全班学生紧张地盯着王冲的“表演”：只见他刚把手抽出来，那块布就又浮出了水面！他的举止令全班忍俊不禁，原本寂静的教室“嗡”地笑了起来。王冲红着脸不好意思地回到了自己的座位。这时，全班学生又把目光从王冲身上移到了老师的脸上。刘仁礼老师灵机一动，当即表扬了这名“挑战者”：“王冲同学不迷信权威，敢于试验，为全班同学做了一个非常精彩、也非常成功的演示，大家鼓掌给予鼓励！”全场掌声响起！本以为会被老师批评和同学取笑的王冲也惊愕了，继而脸上充满了自豪感，从此王冲在学习上更加积极主动和认真了。

课堂掌控能力是一种教学综合能力，它主要分为课堂组织能力、观察能力、应变能力、把握能力。而专业课堂的掌控还需要一种特殊的能力，那就是专业能力。专业教师在教学实践中只要能做到不断反思，不断总结，不断实践，课堂掌控能力就一定会不断提高。凭着在企业练就的过硬的专业能力和养成的专业素质，许多企业背景教师对课堂的掌控由开始的惊慌失措到最后的沉着应对，而且逐步表现出对课堂的良好掌控能力。

### （五）专业不“专”

刚从企业来到学校的年轻老师，会遇到与长期在企业打拼再转型到学校的中青年教师不同的状况——专业不“专”。这里的“专”是专一、也是专业。年轻教师还没有在某一专业领域拥有特长或即使拥有某些特长但学校可能也只把他当“救援队”使用。经过艰苦努力，他们最终成为某一专业的骨干教师或专业带头人，成绩斐然。

**从中专生到中职教师的转变：由自卑到自信**

1996年7月，林秀朋老师从广西地质学校（广西机电工业学校）毕业后，被分配到广西地质修造厂从事技术员工作。1998年7月，调到广西机电工业学校做专职教师。从中专学生到中职教师的角色转变，让林秀朋老师一开始很难适应，总觉得自己还是一名学生，只有20岁，所以工作十分不顺畅。参加工作头几年，他主要担任教学实习指导工作，由于工作的需要，他经常变换教学科目，所从事的教学任务也比较繁杂。曾教过的实习项目有：钻探机械拆装、汽车发动机拆装、电力拖动、普通车工、钳工、空调与制冷等。当时他没有固定的专业，教学进行起来很不顺心。除了教学任务之外，他还在校办工厂里承担对外加工的业务。林秀朋老师意识到自己是一名中专毕业生，原有的文化知识及业务水平已经不能满足岗位的工作要求了。要想在职教工作中有所作为，就必须付出比常人更多的努力。他利用闲暇时间读起书来，每当他捧起书来，总是爱不释手，钻研到了痴迷的程度，经过刻苦学习他的大脑里塞满了教育新知识、新思维和专业知识。

林秀朋老师为何如此不知疲倦地学习？他深有体会地说："教学是一项融科学和艺术于一体的富有创造性的工作。为更好地完成教学任务，我必须学习并掌握课堂教学规律，掌握一定的教育学、心理学知识。在课堂上关注每一位学生，运用组织艺术，激发学生的情感，使学生在愉快、轻松的心境中全身心地投入到学习中。"

林秀朋老师的勤恳和付出终于得到了学校教师、领导的认可，他更加自信地登上讲台。而他的学生更是对他敬佩有加：林老师成长为了一名传道、授业、解惑的专业教师，有较高的理论知识；在生产一线也是一个能够解决实际问题的技术工人，有较高的实践能力。

经过长时间的历练，林秀朋老师由当初自卑的中专毕业生成长为现在充满自信的中职专业教师，从开始的没有属于自己的"专业"到精通数控专业，这是一名企业背景教师的成长之路。

### （六）缺少的"硬件"

《中华人民共和国教师法》（简称《教师法》）第三章"资格和任用"中的第十条指出"国家实行教师资格制度"。《教师法》指出，中国公民凡遵守宪法和法律，热爱教育事业，具有良好的思想品德，具备本法规定的学历或者经国家教师资格考试合格，有教育教学能力，经认定合格的，可以取得教师资格；中等专业学校、技工学校、职业高中文化课、专业课教师资格，应当具备高等师范院校本科或者其他大学本科毕业及其以上学历；取得中等专业学校、技工学校和职业高中学生实习指导教师资格应当具备的学历，由国务院教育行政部门规定。

教师资格证是教育行业从业人员教师的许可证。没有教师资格证的是无法取得正式编制的。转型到职业学校任专业教师的原企业人员（申请者学历为师范专业毕业人员免于教育学、心理学考试），需参加教育学、心理学补修、测试和教育教学能力测评，成绩合格；普通话水平应当达到国家语言文字工作委员会颁布的《普通话水平测试等级标准》二级乙等以上标准。

对于早些年就转型到学校的企业人员，教师资格的认定还没有那么严格。但后面转型的教师都一定要通过《教育学》和《心理学》（现为教育心理学）考试及普通话等级考试。而对《教育学》《心理学》的学习，不仅仅是为了获得教师资格证，许多企业背景教师正是利用这个难得的机会，恶补了教育学、心理学的知识及教育教学的能力，真是一举两得。或许，对于部分人来说，普通话等级考试才是难点。对于普通话考试，有一位从企业转型来的教师深有感触，普通话等级测试是他面临的最大障碍。他对第一次参加测试的场面记忆犹新：当时还是人工考评，他每说一个词或一句话，两个考评员就用笔飞快地在纸上做个“×”记号，速度之快令人胆战心惊！他看着考评员“虎视眈眈”的样子，差点不敢继续念下去了。回来后，他就买了《普通话水平测试书》和磁带，每天都反复朗读和听磁带，每天必看《新闻联播》，还请女儿来纠正发音，功夫不负有心人，第二次考试终于通过了。因此，企业转型人员，只要肯多花些时间和精力，考取教师资格证并不是十分困难的事。

职业院校要求专业教师是“双师型”教师，尽管人们对“双师型”的定义和标准仍有分歧，但教师拥有教师资格证是最基本的要求，而有的学者认为“双师型”教师的必要条件之一就是教师必须取得讲师以上（含讲师）的教师职称。企业背景教师只要取得讲师以上职称，就极易满足“双师型”的条件，成为名副其实的“双师型”教师。

尽管具有企业背景的教师，在初上讲坛的“转型期”，在教育教学上会遇到种种困难，会发觉自己的知识结构和能力结构仍存在某些缺陷，离“双师型”教师的素质和能力的要求还有较大距离。但他们一旦“认识了自我”，就会通过多种学习、培训方式来弥补自己的不足。最常见的自我学习方法有：恶补教育学、心理学理论，博览古今中外教育家的名言警句和教育书籍，多看当代优秀教师的专著和事迹，多观摩优秀教师课堂教学，虚心向老教师或其他同事请教，善于反思与总结自己的教学，将新理念、新方法应用于教学实践中；而通过组织的学习方式则有参加教育理论、教学方法及信息化水平培训，多参与听课、评课等教学交流活动，并敢于参与教学技能比赛。只要克服畏难心理，充分发挥自己在企业沉淀的能力和素养，通过多种学习方式复合及循环往复，从实践中来，再到实践中去，有针对性地弥补自己的缺陷，解决心中的困惑，教育教学水平便会有质的飞跃和提升。这些学习方法对曾在企业工作的教师而言，不仅简单可行，而且非常有效。只要把在企业养成的“不服输精神”用到教学上，就一定能有效地对有些人惯性地认为具有企业背景的人“只会技能，不懂教育”的误解给予有力的回击。

## 二、扬长避短，教学相长

《老子》有云“知人者智也，自知者明也。”在古希腊一座智慧神庙的大门上，也写着这样一句箴言：“认识你自己”，古希腊人还把它奉为“神谕”，是最高智慧的象征。企业背景教师贵在有自知之明，在学习、实践中不断发现自己的弱项和不足，从而将被动局面变为主动改进，不断更新自己的教育理念，把握职业教育的脉搏，不断提高自己课堂教学水平和教学质量。

“教学相长”是职业教师自我提高的基本要求，也是职业教育教师专业化发展的必然结果。对于企业背景教师这一群体，在转型初期，教本身也是学，以教为学，以学促教，这是一个相互促进的过程。

我国职业教育发展多年，仍存在着培养的人才质量与企业需求严重脱节的现象。具体表现在职业院校的教学内容脱离实际、知识更新滞后于现实、教学技能落后于需求，造成这种现象的原因有多方面，如师资力量不足、实训条件差等，而最重要的因素则是专业教师缺乏企业实践经验、没有真正了解企业的实际需求，更严重的是很多专业教师擅长于“纸上谈兵”，没有熟练的操作技能，也不具备一定的学科专业对应的职业素养。

职业院校急需一批名副其实的“双师型”教师来提高职业教育质量。而最能为职业院校注入活力的重要举措就是从行业企业引进能工巧匠和专业技术人才做兼职教师和专职教师。兼职教师可以改善教师队伍的结构，但他们不是“双师型”教师，大多数不会为了教学去学习教育学理论和教学技能，他们只注重于对学生的技能指导。而企业转型教师成为学校的专职教师，教书育人已成为他们的天职。因此，他们会全身心地投入职业教育教学之中，这对提高职业教育质量起着非常重要的促进作用。

企业背景教师在企业蛰伏多年，对行业企业的状况洞若观火，对企业的需求了如指掌，在掌握一定的教育学理论和教学技能之后，他们的教学内容会更贴近企业、教学技能会更适应企业需求，他们培养的学生会更适应企业的发展要求。每位教师的企业经历不同，在工作中的收获也有所不同，在熟悉教学流程和教学规范之后，他们可以扬长避短，充分发挥自己的优势，逐步在教育教学方法中进行各种尝试性的探索和实践，正如八仙过海，各显神威。

### （一）丰富教学内容，紧跟企业实际

职业教育为社会、企业培养技能型人才，但曾几何时，职业院校的许多教学内容脱离了企业生产的实际，这对培养学生的专业能力和职业素养极为不利。何为会脱离实际？曾有人提出“学生在学校学的东西只有20%左右能拿到社会上去用，有80%是用不上的。原因是现用教材太老，不实用，要参考企业的培训材料教学生”。曾长期工作于企业的转型教师对企业的情况和企业的需求最了解，他们最有发言权。他们在教学之初，感到职业教育的专业内容与企业的实际相差较大，或已经是淘汰了的工艺仍然在教材上作为教学内容，或是生产案例陈旧，等等。因而，他们在备课、教学过程，不断充实教学内容，尽可能使教学内容

更贴近社会、企业实际。

## 自编教学讲义

2002 年，广西纺织工业学校汪薇老师到学校任教第二年，她担任《服装制作工艺》这门实践教学课程，用的教材是中等职业学校服装类专业国家规划教材《服装缝制工艺》。在讲授“女西服制作工艺”这一章节时，汪薇老师先是用教材上的制作方法从头到尾教学生做了一遍，做好后的样衣穿在人台上，无论是成衣的版型效果还是外观工艺都极不理想。她在企业工作时，做过女式西服的版，对于女式西服工艺再熟悉不过了，但方法和教科书上的大不一样。汪薇老师考虑再三，决定把以前自己在工厂做西服的整个制作流程和技术要领、成品规格表编写成讲义。她花了几个晚上的时间完成一本 15 页的自编讲义。她先用讲义上的操作方法演示给学生看，然后让学生按照讲义上的步骤一步一步地制作，做出了第二件女式西服。当全班学生都做出第二件样衣后，再一次挂在人台上，成衣的版型效果和外观工艺效果都比第一件好了许多，学生们佩服地说对她：“汪老师，你编写的讲义制作方法真是独特，既易学，又有效!”

和汪薇老师一样，南宁市第四职业技术学校的李文雄老师、广西理工职业技术学校的黄天明老师等许多企业转型来的教师来到学校之初，都编写了更符合企业需求的教学讲义。而广西纺织工业学校的刘仁礼老师在教学中除了补充企业的生产实践知识和技能之外，还别出心裁地将企业发生的“生产故事”融入专业教学中。

## “生产故事”融入教学，在趣味中引人思考

专业教学的课堂往往缺乏趣味性，学生感到枯燥无味。造成这种现象的主要原因有：一是教学内容方面过于概念化、理论化，内容陈旧，缺少现实生产中生动、鲜活的案例；二是有的专业教师照本宣科，比较死板、公式化，毫无趣味性，不能激起学生的学习兴趣。刘仁礼老师在染整技术专业教学方面进行了大胆的尝试。他在每一次专业课堂教学上，有针对性地、巧妙地穿插企业生产时发生的一些典型的、生动的、有趣味的故事，不仅活跃了课堂气氛，形成极佳的互动场景，而且让学

生从中学到了不少实用的专业知识和技能。

刘仁礼老师在讲解概念和原理时，为了使这些内容通俗易懂，他一般都会穿插一些与此有关的“生产故事”。比如，讲到“重金属离子对双氧水分解的危害”时，他就举了某个印染厂在一次双氧水漂白之后，发现了布面有破洞的“侦查”过程及结果。学生被故事吸引的同时也加深了对漂白原理的理解。在讲授纯棉织物前处理工艺时，他列举了在生产中使用烧碱、双氧水、精练剂、水玻璃、纯碱等化学助剂，然后提问学生至少要提几个桶去取料才合理。学生的答案五花八门，有说一个的、两个的、三个的甚至每种助剂各装一桶的，众说纷纭。引出问题之后，如果直接说答案，这节课就会平淡如水。他故意对学生说，想直接听到答案还是听故事？学生齐声说：“听故事！”于是，他绘声绘色地讲述了发生在印染厂的一个真实的故事：车间新来的染色工拿一只桶去取助剂，当他装完烧碱后，又去取双氧水。装完料没走几步，就发现桶里涌出了大量的白色泡沫，足有十多厘米高，吓得他把桶扔掉了……学生听完故事哈哈大笑，自然知道正确答案了，也明白了浓的烧碱加入浓的双氧水肯定会产生剧烈的反应。而他相信，当学生有一天走向工作岗位，就不会因为是新手而犯那样的错误了。

在讲授有关“棉纤维织物不耐强酸时”这一知识点时，刘仁礼老师给学生讲述了这样一个故事：在一次涤棉混纺织物的涤纶在进行高温染色时，由于染出的颜色不符合要求，一个染色师傅连续加了三次染料和染色酸（新购进的），到第三次剪布样来对颜色时，工人剪回一块布交给师傅说：报告，布变得像蚊帐一样薄了！师傅一听，吓得脸都变青了。接下来他提出了问题：为什么布会变薄？为什么用冰醋酸不会发生的事情而用染色酸却发生了……学生觉得不可思议，纷纷提出自己的看法。当学生听到老师分析造成生产事故的真正原因后，受益匪浅：既学到了专业知识，又认识到没有一定的专业理论，会酿成大错，教训十分深刻。刘仁礼老师进而告诉他们想要成为一名有发展潜质的技术工人，不仅要能熟练地操作设备，而且要有一定的理论水平，希望他们认真学习专业理论知识。

刘仁礼老师的“生产故事”讲课法，不仅丰富了教学内容，使教学内容更贴近企业的需求，活跃了课堂气氛，而且更巧妙的是把“育人”融入专业教学中。故事似乎谁都会讲，但要在专业课堂上成为讲“生产故事”的好手，专业教师往往缺少的是生产一线发生的真实的故事。其实这就要求我们的专业老师是真正的“双师型”教师，而不仅仅是“双证”教师。

企业背景教师有着多年的实际生产经验，亲身经历的“生产故事”数不胜数，这就为在专业理论教学上穿插“生产故事”提供了生动而丰富的素材，这也是他们的课堂为何更能吸引学生的重要原因之一。

## （二）注重实践教学环节，提高学生岗位能力

企业背景教师深知培养学生专业理论知识和专业技能的重要性，他们从企业转型来到学校之初，看到专业课程仍以理论讲授为主，学生的操作技能训练较少。他们就把学习获得的教育理念和自己具有的丰富的实践经验有机结合起来，充分发挥自己的长处，勇于承担专业核心课程的教学任务，在专业教学中敢于尝试和探索，注重培养学生的岗位能力。他们有的创造实验实训条件，开展理实一体化教学或开展实训教学；有的在教育教学方法上敢于探索和实践，较早地开展了小组教学、项目教学和任务教学，为职业学校专业教学改革的创新进行了有益的尝试。

### 将专业课搬到实训室

广西玉林市机电工程学校陈新老师从汽修企业转型到职业学校教学，承担讲授汽车电控汽油发动机、汽车新技术等汽修专业的核心课程的教学任务。刚开始他发现一个奇怪的现象：所有的专业课唯一的教具都是一支粉笔和一块黑板，这种“在黑板上教修车”的教学方法，使学生到企业后动手能力极差。他意识到这种以讲授代替训练的教学方法，不符合职业教育的理念，培养出来的学生并不能满足企业的需求。于是他主张将专业课堂从教室转移到实训室。当时，学校的实训条件极为简陋，连发动机的“残骸”也没有。怎么办？于是他利用自己在汽

修行业的人脉关系，免费弄到几台废旧的汽车发动机，武装了实训室。从此他充分利用这几台废旧的汽车发动机，探索“教、学、做”合一的教学方法，让理论和实践操作有机结合。这种理实一体化教学激起了学生学习的兴趣，学生学习的积极性、主动性提高了，动手能力也明显提高，得到了用人企业的认可。

陈新老师在第一次尝试教学改革并获得良好效果后，开拓创新的热情一发不可收拾。他不断改进教学方法，在教学工作中，能根据教材内容及学生的实际，进行模块化、分层次探索理实一体化的教学。他注重利用学习到的新的教育教学理念去探索与推进改革，结合课程的特点，能准确把握教学大纲和教材，制定合理的教学目标，引入教学法：项目教学法、体验教学法、案例教学法，切实抓好教学工作中的各个环节。

经过几年的努力，陈新老师的教学水平得到了大家的认可。他积极参加校内外的公开课，加强教学示范和交流活动。2009 年 12 月，陈新老师承担了《汽车电控发动机构造与维修》课程《发动机数据流》课题公开课；2012 年 11 月，承担了《汽车电控发动机构造与维修》课程《怠速阀的拆装》项目公开课等。2012 年，在广西中职学校“双师型”教师送教下乡活动中担任授课专家，在藤县职教中心讲授了《发动机凸轮轴的拆装》示范课，其独特的教学方法辐射范围由校内扩大到了区内。

陈新老师的教学改革从“把专业课搬到实训室”开始，利用自己在汽车修理行业企业长期工作积累的丰富的实践经验及高超的技能，将专业课教学与企业需求紧密地结合。在教学中，他注意把握两个原则，一是“实用”原则，二是“管用”原则，以就业为导向，以提升能力为本位，突出能力目标，让学生学有所得，学以致用。他的所作所为，体现了企业背景教师在专业教学改革中敢于担当和实践、勇于探索和创新的精神。有了这些精神，他们不怕困难，奋勇向前，取得了突出的成绩。

### （三）自制专业用具，丰富教学资源

随着职业教育的先进理念逐渐深入人心，职业院校的专业教学由以

讲授为主逐渐变为以理实一体化教学为主，并增加了实验实训课的课时，加大了对学生的操作技能的训练力度。几年前，受学校经费、专业发展规划、实验场地等多种因素影响，很多学校的实训条件并不能满足实践教学的需求，有的缺少实验实训用具，或者实验实训用具已老旧过时等，许多企业背景教师看在眼里，急在心上，他们甚至自己动手制作实验实训用具，基本能满足一些专业的常规实践教学要求。

**自制教学用具，丰富教学资源**

广西桂林市卫生学校护理学专业的文旭东老师曾在医院工作17年，担任了8年主管护师，具有十分丰富的临床护理经验和精湛的专业技能。她于2007年2月调入广西桂林市卫生学校。教学之初，她发现本来要求学生具有熟练的护理操作技能的护理专业教学，却仍以理论教学为主，而实践教学的工具已不能训练学生的护理技能了。受多种因素影响，学校一时也难以买回品种齐全的实训用具，于是文旭东老师发扬了自力更生的精神，在短短几个月里，她利用课余时间自制了许多特别适用的教学用具和部分实训用具，如自制教学挂图、实训模型、输血用具、采集血标本用具、诊脉枕、住院病案、护理病案等，共计106件，以便能充分开展基础护理实训。另外，她还主动对实训室各种护理模型的使用说明进行了整理和翻译，制定操作规程，力求以最有利于培养学生达到临床护理技术操作标准的方法进行实训，并严格地对学生进行操作技能考核，在提高学生的护理基本操作技能上起到极大的促进作用，她指导的学生在临床见习、实习中得到了带教老师的高度赞扬。

文旭东老师自制教学和实训用具，既可以有效地开展专业教学，使培养的学生更能适应社会的需求，而且也为学校节约了大量经费。她的动机和举动，缘于她在医院养成的敬业精神和无私奉献的职业素养。

而曾在企业工作将近十年的南宁市第四职业技术学校的李文雄老师，也是利用自己在企业积累的丰富的实践经验和高超的专业技能，带领学校的汽车专业的其他老师一起自行制作了许多实训用具。李文雄老师在完全没有制作教学台架经验的情况下，自己逐步摸索、带领其他老师先后完成ZL50装载机自动转向、德尔福系列电控发动机、丰田5S发动机等汽车构造、汽车电气设备、电子实验教学设备以及二十多台套的设计、制作和教学使用说明等工作。这既为学校节约了制作经费，又提高了李文雄老师的设计制作能力。

作为柳州市第一职业技术学校汽车教研室主任的许平老师，自行设计、制作了汽车发动机拆装台架、主减速器拆装台架、五菱汽车电器设备教学台架、空调教学台架共计 20 件，大大改善了实训条件，规范了教学要求，提高了实习教学的工作效率，减少了安全事故的发生。

## （四）转变教育观念，改革教学方法

职业教育随着社会的发展，企业对人才的综合能力的要求也越来越高。学生没有专业技能不行，光有专业技能也不行，还要学生拥有较高的语言表达能力、沟通能力、团结协作能力及职业素养。对于中职学生，专业技能是他们将来在社会上谋生的基础，而综合能力和综合素质的高低决定了他们的上升空间。

曾长期工作于企业的企业背景教师更清楚，培养学生的综合能力对学生今后走向社会后能否可持续发展具有重要的意义，因此，他们极易转变教学观念，改变常规教学方式，有意识、有目的地培养学生的综合能力。刘梅老师就尝试用新的“师带徒”式教学方式，既培养学生的专业技能，又培养学生的综合能力和综合素质。

### 新“师带徒”式教学的尝试

在针织专业开展理实一体化教学中，刘梅老师在教学过程中发现了这个新问题——在实训室边练边学，增加了训练密度，但一个班级少则 40 人，多则 60 人，一位老师很难对全班进行有效的操作指导。她联想到以前在企业师傅带徒弟的方式，灵机一动，突发奇想：在专业教学上能不能让学生也尝试当“师傅”？这样做或许更能锻炼学生的综合能力，还能给老师当助手。

刘梅老师决定在《羊毛衫生产工艺》课程进行首次尝试。为了保证这种新的“师带徒”式教学方式的成功，她做了精心的设计和准备。在正式上课前的课余时间里她先筛选出 8 名操作能力强的学生做“小师傅”，并将他们召集在一起，共同探讨每个教学细节，并多次模拟，发现问题立刻解决。

正式上课时，刘梅老师先进行理论知识讲解再进行操作示范。在下达“生产”任务书之后，这8名“小师傅”既担任小组长，又承担着小组内的操作示范工作。然后，在“小师傅”的指导下，小组成员轮流上机操作。操作时，“小师傅”认真观察和记录，在小组全部操作完成后，再由“小师傅”召集组员进行点评和小结。试行了几次“小师傅”辅助教学后，学生反映效果不错，后来，刘梅老师还让其他操作能力稍弱的学生也尝试着担任“小师傅”。整个教学过程学生成了课堂的主角，从接到生产计划开始，制订计划、实施计划、自测评价、成果展示各个环节，都需要他们全身心地投入，心手脑并用。

刘梅老师尝试的这种“师带徒”式教学，解决了大班教学中教师指导“面”和“点”的不足，同时也活跃了课堂气氛。学生在轮流扮演的“小师傅”过程中，不仅掌握了所学内容，提高了动手能力，而且在语言表达、分工协作、团队参与、自信心、文化素养等方面都得到了充分的锻炼，从而提高了学生的综合素质。教与学是相辅相成的，教师尝试一种新的教学方法，学生的综合能力得到了提高，而教师的教学能力也会更上一层楼，这就是“教学相长”。

### （五）强化课堂安全教育，增强学生安全意识

职业教育与基础教育最大的不同就是职业教育的校内实践教学课时比较多，而职业学生至少要到企业顶岗实习半年至一年，所以职业教育中的安全教育尤为重要。把安全教育放在职业院校工作首位，已成为大家的共识。到实验实训室中进行理实一体化教学、实验实训，专业教师及实训指导教师必须加强对学生的课堂安全教育，防微杜渐，杜绝事故发生。安全教育不是简单“严禁”学生不能做什么，而是要让学生听得进，做得到，这就需要专业教师及实训指导教师对安全教育的重要性有深刻的体会和认识，而这对于这个问题，企业背景教师最有发言权，因为他们在企业亲身体验和目睹了安全事故，在安全教育时可以“现身

说法”，这样学生听起来不枯燥，易深入人心。

## 安全教育要防微杜渐

2006 年，汪薇老师在服装实训室给服制 05 班的学生上实训课。一天下课后，班上的一个男生迅速离开了座位扬长而去，他既没有把电熨斗放到指定的隔烫板上，也没有把插头拔掉，而是平放在烫台上。当时并没有人及时发现。10 分钟后，一个女生把即将做好的衣服拿到烫台上想熨烫一下，忽然间，只听见她“啊”的一声惊叫，大家冲过去一看，那件准备做好的衣服上被烫了一个大大的黑洞。汪薇老师把那个男生叫来谈话，男生不以为意，还振振有词地说：“不就是衣服被烫烂了一个洞嘛。有什么大惊小怪的！”汪薇老师意识到了问题的严重性，尽管课前三令五申地强调安全生产的重要性，可是有些学生还是不当回事。

第二天，汪薇老师给全班同学讲了一个在企业发生的故事：一天下班后，一个新来的烫工忘了把电熨斗放到隔烫板上，也没有把插头拔掉就离开了岗位，车间其他人员也都没发现。次日上午上班打开车间大门，让人震惊的一幕出现在眼前，一股浓浓的烧焦味扑鼻而来，烫台上几米的烫垫布被烧得面目全非，庆幸的是，那天做好的衣服没有堆在烫台边，否则后果不堪设想。

自从这件事后，班上每一个学生都养成了在离开操作台时，像企业的工人一样自觉把电熨斗放到隔烫板上，并认真检查机台是否断电关闸，值日生更是非常细致地检查实训室的每一个角落是否存在安全隐患，并负责关掉总电闸、水阀、窗户，最后才关门离开。

汪薇老师能够从学生的疏忽大意中发现安全隐患，并以自己亲身经历的企业安全事故教育学生，使学生养成了良好的行为习惯，增强了安全防范意识，杜绝了安全事故的发生。而有经验的企业背景教师，更是把安全教育放在理实一体化、实验实训课正式开始之前，做到学生不接受安全教育就不能进入实验实训室，进入之后必须先学习实验室常识和安全操作规程方可进行仪器和设备操作。

顶岗实习的安全教育是实践教学的重中之重。许多企业背景教师义不容辞地承担了这项重要教学任务。他们精心制作安全教育课件，把行业企业发生的安全事故汇成图片集，展现给学生，以作警示。同时结合自身经历，既进行安全教育，也对学生进行职业规划教育、挫折教育、激励教育等。如柳州第一职业学校的许平老师、广西理工职业技术学校的黄天明老师、南宁第四职业学校的李文雄老师、玉林市机电工程学校的陈新老师、桂林卫生学校的文旭东老师、广西工程学校的林秀朋老师以及广西纺织工业学校的刘仁礼、刘梅、江薇老师等企业转型教师都积极主动承担了顶岗实习的教育工作，均取得了良好的成绩。

### （六）开展行动导向教学，提高人才培养质量

行为导向，又称为实践导向，或者行动导向。是20世纪80年代以来，世界职业教育教学论中出现的一种新思潮。由于行为导向教学对于培养人的全面素质和综合能力方面起着十分重要的作用，所以日益被世界各国职业教育界与劳动界的专家推崇。

企业背景教师具有专业技术、专业技能和专业素质的优势，极易接受和善于运用行动导向教学，而且应用新教学法效果明显好于没有企业实际经验的教师。

**项目教学法的最初尝试：小手锤的制作**

柳州市第一职业技术学校的许平老师从企业转型到学校之初，他感觉汽车专业的知识更新变化很快，理论性强，内容较枯燥，如果以讲授法为主进行专业教学，则学生学习积极性不高，教学效果也很差。针对学科特点和学生实际情况，许平老师十分注重学习教育教学新理念，并大胆地尝试将其运用于教学之中。

许平老师在上《钳工基础》这门课时，发现如果按照教材内容和形式教学，学生也可以制作出小手锤，但却会忽视加工流程、工艺、评价等过程的体验。于是他首先把学生分成几个小组，以小组为单位讨论画出小手锤的零件图，编写加工工艺，再按工艺图纸进行下料、錾削、画线、钻孔、修锉表面、装木把，直到小手锤加工完成，最后再组织学生对产品进行互评和自评，结束后由老师进行总评。整个过程都是以教

师为引导者，学生才是课堂的主体。通过项目教学，学生自主地把所学相关的知识合理的运用于小手锤的制作项目中，既锻炼了他们的合作能力，又锻炼了他们运用知识的能力和解决问题的能力。

许平老师树立了“以生为本”的教育教学理念，以学生为主体开展教学活动，注重把教学内容和生产实践相结合，着重培养学生的岗位能力，激发学生的学习兴趣。他注重发展学生的个性，加强分层次的教学。许平老师在专业教学中，强化实践性教学，经常运用工作环境模拟，采用实物教学，让学生边看、边动手、边想，保证实践教学时间，从而提高学生的实践能力和专业技能。

柳州市第一职业技术学校的江帆老师，在专业课教学中，总结出一套以任务驱动教学法和学校教学常规为基础的教学组织流程，配合相应的任务工单，用于专业课的理论与实践一体化教学，非常有助于学生对专业技能和理论知识的学习和掌握，并通过上示范课等形式在专业教师中进行推广，目前他们学校专业部的青年教师大部分都已接受并实践了这种新的教学组织方法。

## “12221”自助式教学模式的组织和实施

江帆老师在汽车专业教学中，总结出了“12221”自助式教学模式。它共有5个学习环节：学生完成“1份”引导文作业→学生观察老师（或者同学）操作“2次”→学生在老师（或者同学）的指导下亲自操作“2次”→学生指导另一位学生操作“2次”→学生交“1份”作业工单或实训报告。把这个模式每个环节的数字汇集起来，就是“12221”，因此简称为“12221”自助式学习模式。

课程学习刚开始时，老师告诉学生本门课程有若干个学习任务，每个学习任务都是学生自己去完成的。上课时，老师在教学场所内设置了若干个学习点，每个学习点可以完成特定的学习任务，学生根据自己的情况和学习点的情况自行安排学习。学生每完成一项学习任务（包括应知和应会），老师就将其记录在案。当发现学生学习情况不正常时，要及时了解情况，调整教学安排。学生完成所有教学任务后，不需要再进行考试，学校即发给学生《×××课程学习合格证》。这是一种能够调动学生自主学习积极性的学习模式。

经过一年的实践，学生的学习积极性明显提高；教学秩序明显改善；教学效率显著提高；教学效果显著提升。比如说，改革前，学生在学习《汽车维护》时，没有人动手换过机油，改革后，每个学生都换过机油，有的学生甚至换过两次，这么多的实践机会，在全国都是少见的。

这种教学模式从《汽车维护》课开始改革，至今已在《汽车美容》《汽车发动机维修》《汽车电气设备维修》等课程中推广。2013 年 11 月 8 日，江帆老师在桂林高级技工学校采用这种教学模式上了一次《汽车发动机电气设备维修》示范课，得到学校师生、广西中职名师班学员及指导专家的好评。

桂林卫生学校的文旭东老师在学习德国教育教学法后，觉得角色扮演法特别适合于自己所教的护理专业。尽管她之前也做过类似的教学尝试，但没有如此的系统和完整。

**角色扮演法的应用**

在护理实训时，文旭东老师采用了角色扮演法：小组中有人扮演患者、有人扮演护士、有人扮演观察员，根据真实的操作要求完成，并且每个学生都要轮流转换扮演的角色。由于有专人监督，学生都力争达到角色要求。在这种“真实”的环境下，学生扮演患者能体会到患者的真实感受；护士角色能体会到知识掌握和熟练操作的迫切性；观察员角色能让学生体会到让患者满意是需要护士通过全面发展来保障的，它不仅要求护士有丰富的理论知识和精湛的护理操作技术，更需要有良好的职业道德。小组合作学习模式让学生之间互相关注、帮助、监督，不仅有利于知识、技能的掌握，长期反复进行还有利于学生在履行护理职业道德时变他律为自律。这种学习方式还可以使后进生得到其他学生的帮助，优秀生的能力得到极大锻炼，促使小组成员合作共同养成良好的学习习惯和职业习惯。

### （七）教学技能大练兵，教师成长催化剂

教学技能，是教师立命之本。作为一名专业教师，要走专业化发展

的道路，必须要有良好的、扎实的教学基本技能。从备课到编写教案再到教学设计，从上课到教学反馈，对于每个教学环节，企业背景教师都是经历了一个由陌生到熟悉、由模仿到创新的过程。参加教学技能比赛，是一个教师的教育教学理念的体现，也是他的教学基本功的全面展现。企业背景教师，如何把自己的特长融入课堂，形成自己的教学特色并得到大家的认可？他们大多数都不约而同地选择了参加校级、区级乃至全国的教学技能比赛。他们既敢于挑战自我——“献丑”，又敢于挑战高手——“亮剑”，通过教学技能比赛，达到展示、交流、切磋、提高的目的。

## 从主动“献丑”到敢于“亮剑”

### （一）主动“献丑”

刘仁礼老师从企业工程师转变为职业教师，从事中职教育教学时间越长，越加感到职业教育深不可测。

如何促进自己的专业发展？从教的第一学期，刘仁礼老师就报名参加了学校举行的讲课比赛。那次参赛真是一次勇敢地、主动地“亮丑”——因为他在课堂上并没有新的教学方法，连课件也没有，只是拿一支粉笔在黑板上飞舞、凭着一张嘴在讲台上讲授“染色过程”，学生并没有能真正体验到操作过程，以现在职教理念去评判，这是一次以讲授法为主的传统课堂，存在着严重的弊端。虽然如此，这仍算是贴近生产实际的一堂专业课，内容紧贴生产工艺和生产操作，他能脱口而出发生在印染企业每一道工序上的真实故事，对于爱听“故事”的学生而言，这也不能算是失败的课堂。或许评委也认可了他的教学内容及教学方式隐含的“价值所在”，刘仁礼老师拿到他教师生涯的第一个教学奖项——校级讲课二等奖。

争强好胜的他，却一直在反思：差距在哪？如果再来一次，如何改进？他发誓下次有机会一定要拿第一名！正在摩拳擦掌之际，学校下发了将要举行首届说课比赛的通知。刘仁礼老师毫不犹豫地报名。但他仔细一看通知，是“说课”，而不是“讲课”，当时只听到其他老师说这是一种没有学生参与的“上课”！他感到不可思议——没有学生参与的

“说课”能真实反映教师的教学水平、课堂效果和现场气氛吗？他突然感到自己的优势荡然无存！于是上网搜索说课的内容、方法、步骤、注意事项，下载获奖的说课课件，细细琢磨，反复观看一些说课比赛获奖的视频，挖掘“获奖要素”。他认为虽然以“说”为主，如果在制作课件时，增加一些上课过程的图片，然后“看图说课”，效果可能会更佳。功夫不负有心人！刘仁礼老师获得了说课比赛的冠军，赛后他感叹：“比赛过程所收获的远比‘一等奖’本身要大得多呀！”

### （二）敢于“亮剑”

刘仁礼老师在多年的专业教学中，不断总结教学经验，取长补短，锐意进取，不断改进，不断进步。在讲授《活性染料染色》时，他尝试在染整 2008 级的课堂上以小组竞赛形式开展“溶解染料”竞赛，学生兴奋不已，刘仁礼老师初次尝到了创新教学带来的“成功”的喜悦；2010 年，他在给染整 2009 级讲授相关章节时，新的染整中样实训室刚好建成，他又进一步探索，在课堂上组织学生以小组为单位进行相关专业知识竞答和化料技能的竞赛，受到了学生的欢迎。

2011 年，染化工程系决定组织以刘仁礼老师为主讲教师的三人教学团队参加自治区首届中职学校教师“精彩一课”教学设计比赛。比赛内容包括教学课件、教学设计、课堂实录视频及说课。在进行教学设计时，正值他在广西师范大学参加德国教育教学法培训，他在培训中深受启发，当即活学活用——白天参加德国职业教育专家的培训，晚上回到住地就把培训感悟源源不断地渗透到教学设计之中。虽然之前他已有多媒体课件雏形，但他觉得离比赛要求还是有很大的距离。于是在保留原有的特色内容的基础上，教学团队决定在每一个操作竞赛之前增加操作示范视频。对于计算机应用学习起步较晚的刘仁礼老师来说，最大的挑战是将数码相机拍摄的视频用“绘声绘影”“格式工厂”等视频编辑软件进行剪辑并转换成可在 PPT 中播放的 AVI 格式。刘仁礼老师不断尝试，不断摸索，才掌握了其中的要领，制作好操作示范的视频，并能顺利地在 PPT 上自动播放。

初赛结果出来后，广西纺织工业学校有三个参赛团队进入了决赛，学校决定请专业的摄影团队来拍摄上课视频。为了增加课堂的“精彩”效果，第二次正式拍摄的当天早上刘仁礼老师突发奇想，决定在课堂教学内容完成后增加一段由学生以角色扮演法即兴表演一个“对色师傅与工人工作情境”的小品，既可以活跃气氛，又可以教书育人，可谓一箭双雕。整个拍摄过程真实地记录了四节连堂的理实一体化教学过程，而课前绝没有任何预先的安排和导演。专业摄影师在上完课后竖起大拇指说：“肯定能拿特等奖！”他说他拍过无数次课堂实录了，就感觉这次非常精彩，一气呵成，没有补拍过任何一个镜头。经过现场说课决赛之后，刘仁礼果然捧回了广西首届中职教师“精彩一课”教学设计大赛的一等奖！

企业背景教师的教育教学水平的提高是一个长期的过程，而主动参加各种教学技能比赛，可以有效地加快成长进程。例如，桂林市卫生学校的文旭东老师在2007—2008年度上学期学校教学效果评议中荣获一等奖、优秀教案一等奖，参加首届全国中小学幼儿（中职）教师技能大赛荣获二等奖；柳州第一职业学校的江帆老师于2006年4月，在广西中等职业学校汽车运用与维修专业教案设计与说课比赛获二等奖，并于同年9月代表广西参加该项目的全国大赛，获得了二等奖的好成绩。没有竞争的压力就没有拼搏的动力，他们的快速成长正是因为有主动“献丑”的勇气；不故步自封，而是锐意进取；知不足而奋进，勇于挑战，敢于“亮剑”，所以教学技能才有了质的飞跃。正因为他们将自己在企业所练就的专业技能、专业素养充分展现在了专业教学之中，并融入了现代职业教育的先进理念，从而形成了自己的教学特色。

## 三、教书育人，以德为先

教书育人是教师的职责。对于职业学校教师而言更具有不同寻常的意义。中职学生怀着复杂的心情进入中职学校，普遍存在自卑、自弃的心理，甚至还会产生厌学、弃学的现象。因此，职业学校教师应想尽办法树立中职学生的信心，把学生从厌学引领到喜欢学，不仅要教会他们专业理论知识和专业技能，使他们有谋生的本领，还要把他们培养成为全面发展、对社会有用的人。

职业学校教书育人的方式，主要的形式有两种：一是体现在教学中融入德育，二是承担班主任工作。企业背景教师，首先是专业教师，承担起了在专业教学中进行德育教育的责任；其次，因为他们曾长期工作于企业，对企业的用人标准及职业素养非常清楚，所以他们最适合担任中职学生的班主任。虽然刚开始做班主任，在班级管理方面或许会有些不足，但随着时间的推移，企业背景教师无论是担任专业教学工作还是班主任工作，由于他们在企业的特殊经历，教育方法针对性强，常常以行业和企业的规则来规范学生的言行，所以很容易与学生打成一片，深受学生的喜爱，在德育方面也作出了应有的贡献。

### （一）寓德于教

在专业教学中融入德育教育，是专业教师的重要使命。企业背景教师，以自己的企业经历和社会阅历，将德育渗透到专业的教学中，使学生对社会、对企业用人的要求更了解，进而帮学生树立“中职学生也能成才”的思想认识，营造出良好的育人氛围，使中职学生也能学有所成。

#### 化身灯塔，引导学生走向成功的职业生涯

桂林市卫生学校的文旭东老师于1990—2006年，先后在桂林市第四人民医院、桂林市人民医院从事临床护理、临床护理教学和护理管理工作，多次荣获优秀护士、优秀带教老师和优秀护士长称号。2006年进入桂林市卫生学校从事护理学教学工作，在专业教学中她润物细无声的育人模式，取得了显著的成果。她认为，护理职业是“救死扶伤，实行人道主义”的崇高职业。

文旭东老师在专业课程教学中，尤其在专业实训课中，渗透护理职业道德教育。在示范阶段，教师要将护理职业道德与技能相融合；在练习阶段，教师要关注学生护理职业道德在技能操作时的应用和表现，对于学生操作的不当之处应给予指导；实训课结束时组织学生自评和他

评。良好的护理职业道德不仅需要他律，更需要自我培养。

从2007年8月开始，文旭东老师担任护理61班班主任工作。作为班主任，她用自身的实际行动给学生树立了“好学勤学活学”的榜样。她经常利用休息时间与学生谈心，了解他们的思想动态，对于在生活上有困难的学生尽可能地提供帮助。由于经常和学生沟通、交流，她与学生关系良好。她所管理的班级在学习、生活、纪律、文艺、体育各方面成绩突出，受到校领导的一致好评。

灯塔，为船舶航行指引方向。在人生路途中，当一个人迷茫时，也需要一座“灯塔”。文旭东老师就像是灯塔的化身，为迷茫的学生答惑解疑，为学生点燃希望，为学生指引方向……

## （二）智慧育人

作为职业教师，担任班主任工作是义不容辞的职责。然而，中职学校的班主任难做，是大家的共识。每一个教师都会有初次担任班主任的“苦恼”经历，他们饱尝着“育人”的酸、甜、苦、辣，都有着数不清的“故事”。作为企业背景教师也不例外，庆幸的是，他们历经艰难困苦，练就了“回天有术”之功，把班级管理得井井有条，使班级形成了良好的学风班风。

### 初任班主任的苦恼与幸福

刘梅老师回想起第一次担任班主任的点点滴滴，用四个字——酸甜苦辣来形容自己的感受。因为工作关系，她从前任班主任手中接过这个企业冠名班，当时初任班主任，没有任何经验，且从二年级开始接手，学生已适应了前任班主任的管理，对新来的班主任特别抵触，与学生们谈话时，大家对她爱理不理，更有甚者，公开顶撞，面对学生的不理解和抵触情绪，她陷入深深的苦恼之中，甚至萌生辞去班主任职务的念头。

通过有经验的老师的指点和开导，她渐渐开始反省自己做得不到位的地方，从前任班主任那了解到，该班是一个有团队凝聚力的班级，于是她策划组织了几次郊游和社会实践活动，在团队集体活动的过程中与学生交流感情，并加深对每位学生的了解和认识。在准备校运会的训练期间，每天都与学生一起操练，与学生一起设计团队口号；在了解到两位学生家境困难时，她及时给她们送去了床上用品；有一位学生的家人身患疾病，在请假回家期间，她每天都与学生电话联系，询问其家人病情的恢复情况，让学生感受到老师真切的关心。慢慢地，学生也接受了她这位新班主任，在期末的家庭报告书上，她给每位同学附上了很长的寄语，以信件和对话的口吻，肯定了他们的优点和成绩，并对每个人的有待提升之处进行了详细的分析并提出建议。这一做法迅速拉近了她与学生们的距离，在寒假期间几位学生给她写信，说自己收到这份特殊的家庭报告书后非常感动！春季开学后一周，恰逢她的生日，学生们不知从哪得知了这个消息，她那一天晚上去巡视教室时，发现黑板上写满了祝福，在班长的带领下，全班同学唱起了她最喜欢的歌曲，在那一刻，她感觉到，所有的付出都是值得的！只要真诚地对待每一位学生，与学生融为一体，感受他们的喜怒哀乐，发现他们身上的闪光点并及时给予鼓励，学生就会接纳你、喜爱你！

在刘梅老师的谆谆教诲下，该冠名班的班风、学风蒸蒸日上，一跃成为全校的优秀班级，继而获得了“自治区文明班级”的荣誉称号。

在班级管理上，每位老师各显神通。广西纺织工业学校的汪薇老师通过指导学生制作个性班服的方式，把班级的学生打造成了充满阳光和朝气的女孩。

### 用美丽致灿烂的青春

汪薇老师在担任服制班的班主任之初，班上许多学生的行为习惯较差，有的学生穿着过于随意，其中有个学生为了标新立异，穿着过于暴露，与中职学生的身份极不相称。虽然汪薇老师多次在班上教育学生要注意仪容仪表，但收效甚微。

汪薇老师利用自己曾在企业担任服装设计师和制版师的优势，决定在班上举办一次“夏季班服设计大赛”的活动，优胜者设计的服装款式将作为班服。她把设计主旨定为：时尚与大方、朝气与端庄、特色与大众。学生们以小组为单位，积极参加。第一轮设计图稿评选，是先从交上来的30份设计图稿中，师生共同筛选出10份总体效果比较满意的作品进行打版缝制。

第二轮评比，汪薇老师让全班学生自主选出最能代表班级风格和个性的作品作为本班的班服——合体修身的白色泡袖衬衣，配上苏格兰暗红色格子褶裙，胸前系上一条格子领带，配以一双白色跑鞋，高高束起的马尾上系上格子蝴蝶结，充满浓郁的英伦风情，朝气蓬勃。

学生穿着自己设计、制作的班服出现在校园，成为一道美丽的流动风景，引来其他班学生的一阵阵赞叹。汪薇老师以此为契机，引导学生的言行举止要与身上这一套亮丽的班服相匹配。

汪薇老师欣喜地发现，班上原来那几个染黄发、穿耳洞、穿人字拖的学生悄然无声地改变了，变成了一个个充满阳光和朝气的女孩。

环境育人，为大家的共识。汪薇老师利用自身专业优势，指导班级学生自己设计、制作青春、向上、亮丽的班服，同样能育人。学生从制作班服的过程中学到了制作衣服的专业技能，对所学的专业更加热爱了，觉得更有成就感和自豪感。为了与自身的班服“匹配”，学生也改变了自己的那些不良行为习惯。

玉林市机电工程学校的陈新老师在担任班主任时，处处以企业管理的方式进行班级管理，在加强学生的素质教育方面，也颇有见地。

### 借条与销账

陈新老师担任班主任期间，在细微处以企业管理的方式来管理班级，体现职业教育宗旨。在班级日常管理工作中，他放手给班级学生，让其当好班级的管理者、活动的组织者。

班级学生要组织一次集体秋游烧烤活动，他要求班干部列一个物品采购清单。学生刚开始列出的清单上有：三箱火腿肠还有牛肉、鸡翅、鱿鱼、豆腐干、玉米……数量庞大，品种齐全，应有尽有。陈新一看，全班才三十来人，如此数量足可以供50～60人食用。他引导学生，做事要仔细，计算要精确。于是，学生干部改变了这种粗略的计算方法，先将班上分为几个烧烤小组，再由各小组征求组员意见，列出小组采购清单，再汇总起来。陈新第二次拿到了瘦身将近一半的采购清单。当把班会费预付给学生去买东西时，他要求学生写借款条。学生问为什么要这么烦琐。陈新老师说，这是大家的财产，使用得有正规手续——在企业也是这样，采购小组至少要由4个人组成，其中有1人记账，能索要收据的一定要，没有收据的要把付款记清楚，另1位同学则做出纳，专门负责付款。

烧烤结束，所带食品基本吃完，没有造成浪费。学生这才意识到如果按第一次采购清单购买物品那真是天大的浪费，而这一次烧烤，平均每人不到五十元钱，而且大家也吃得开心，玩得尽兴。到报账时，陈新要求采购小组出收据（果摊、菜摊上没有收据的则记有详细单价与数量）来平账，多还少补，账目清楚后才把借条拿回去。随后，在开班会时，陈新老师让采购小组上讲台宣读班会费使用情况，并张贴于教室中，接受全班监督，而他，只做"旁观者""引导者"。经过这一次烧烤，全班学生不仅清楚了班会费的使用流程，更重要的是锻炼了他们的组织、协调、统筹能力。此后，在班级开展的活动中，学生的自主性更强，做事变得有条不紊，管理能力也得到提高。

陈新老师无论是在做班主任工作还是教学方面，都以未来职业素质要求为德育目标。比如在上课时，他开始总发现迟到的学生会在门口大声地说"报告"，破坏了上课的连贯性。他让学生讨论："假若在企业，老总在会议室开会，你迟到了，你要怎么做？要不要大声地说报告呢？"有的学生说："不报告就不礼貌。"有的学生则针锋相对地说："打断了老总的说话，更不礼貌"。陈新老师说："那该怎么办？有更好的解决办法吗？"全班学生把目光齐投向了他。他说："迟到了肯定要认错，但老总在开会，你不能打断。我觉得你应该在会后主动向老总认错，并说明原因。而且，要保证下不为例！"学生听懂了老师的意思，以后，陈新老师再上课，很少有学生迟到了。如果有，就会按照企业的规矩办。

刘仁礼老师有着这样一个教育理念：教书育人，技能是基本，育人是根本。2012年8月，广西纺织工业学校的刘仁礼老师在刚送染整102班学生去企业顶岗实习之后，又主动担任2012级新生的班主任，这已是他第三次“连任”了。近几年来，当很多中职教师对班主任工作敬而远之时，他却一直同时担任两个年级的班主任工作：一个班在企业顶岗实习，另一个班为新生。在新生入学之时，家长、学校老师都慕名把新生介绍到他的班级来。而这与他在担任班主任以来，采取了宽严适度、严爱并存、刚柔相济的班级“辩证”管理方法，以及他带的班每届都被学校评为优秀班级有着很大关系。最重要的一点是，他曾长期工作于企业，有丰富的实践经验，既担任班主任，又是专业教师，很容易得到学生的认可，成为学生的良师益友，成为他们的人生导师。

诚信教育是中职学校教书育人最重要的内容之一。刘仁礼老师在班级管理中发现，有的学生信口开河，毫无诚信可言。他从中看到了中职学生面临着严重的诚信问题。在企业，员工违纪，一般领导和主管都不会有时间去“教育”，而是会采用另外一种“一针见血”的方式——罚款。有的学生经常迟到、早退、旷课等，屡教不改，但却不能“罚款”，因此，难以触动学生的“痛处”。刘仁礼老师以一张出门条和一元诚信金为切入点，巧妙地让中职学生“为诚信而战”，在不知不觉中唤醒了中职学生的诚信意识，培养了中职学生的诚信观。

### 一张出门条和一元诚信金

每天到中午放学，班级的学生就三五成群地来到办公室跟班主任索要出门条，这时往往是班主任最忙的时刻。学生出门的理由五花八门，他们有足够多的理由让你非给他放行不可，否则就是不“通情达理”。而对于“何时回校”，学生回答的理由基本上是一致的：“办完事就回来”。据刘仁礼老师观察，除了部分诚实的学生是以真实的理由外出并按时回校外，部分学生不但请假理由胡编乱造，更可气的是往往中午出去，傍晚甚至半夜才回来，公然违反学校纪律。刘仁礼老师常常在班会上呼吁大家要讲诚信，但收效甚微。

一天中午，两名经常以各种“合理”的理由外出却迟迟不归的同学朱洪（化名）和王辉（化名）又来开出门条了。他们把早已准备好的理由说了出来，而且保证在下午两点半上课之前回来。最后，他们还笑嘻嘻地说：“像我们这样诚实的孩子，说到做到，不然任你处罚！”

话都说到这份上了，刘仁礼老师只好说："好吧，我相信两位同学是讲诚信的人!"正当他暗自庆幸"以心换心"成功时，晚上就收到了班长发来的短信"朱洪和王辉下午和晚自习均旷课!"刘仁礼老师心里一惊，他们竟然当面说一套，背地里搞另一套！他不禁感叹：这些中职学生还有诚信吗？他意识到中职学生这种"出尔反尔""背信弃义"的做法无论对学生个人的成长还是将来走向社会，都将会造成"致命伤害"。"人无信不立"，一张小小的出门条，折射出了中职学生的诚信危机。

第二天晚自习正好是班会课，刘仁礼老师本想以"诚信"为主题在班上指名道姓地狠批朱洪和王辉两名学生——"杀鸡儆猴"，然后大讲诚信之道。但转念一想，这种主题班会之前也开过，现在再开只能给学生"老调重谈"甚至"黔驴技穷"的感觉。刘仁礼老师反复思虑，在踏进教室的瞬间，有了主意。

"同学们，听说过某人为了维护个人的荣誉权，不惜花重金打官司只为索赔一元钱的故事吗?"教师里一片哗然，大家议论纷纷，刘仁礼老师为大家讲完这个故事后，"这'一元钱'代表什么呢?"刘仁礼老师进一步引导。有的同学说"是为了荣誉不惜代价"，有的同学说"这个人不差钱"，有的则说"是为诚信而战"。同学们议论正酣时，刘仁礼老师话锋一转："当我们的荣誉无故受损，在座的各位同学会不会为了自己的诚信而战?""会!"全班同学异口同声地说。不管同学们是真心实意还是敷衍了事，刘仁礼老师顺水推舟地说："好！我们来做一个实验考验同学们的诚信……"，他故意放缓语气，略作停顿。学生们迫不及待了，纷纷问老师实验内容是什么。他马上接过话茬，表情略为严肃地说："从明天开始，凡是有事要开出门条的同学，老师不再问出门理由，也不再问何时归校。但要求每个同学必须写一张出门申请书，注明理由及回校时间。为了验证同学们是否讲诚信，要求在递交申请书时，附上一元诚信金!"刘仁礼老师进一步解释说："凡是请假理由与出门真实意图一致，且按时返校的同学，可领回你这一元诚信金；否则，你将会失去你的诚信!""好！一言为定!"全班响亮地回答。

第二天中午，刘仁礼老师在办公室静待“第一个吃螃蟹的人”。居然没有学生前来！他有点失望，这场“诚信战争”很可能不战而败！第三天中午，终于有一个学生拿着申请书并夹着一元诚信金恭恭敬敬地递交给刘仁礼老师。以前他们递交请假条时可没有这么“认真”啊，他毫不犹豫地开了出门条。下午，另一个学生空着手说要开出门条，刘仁礼老师说要按规矩办，回去写诚信书。那学生半信半疑地说：“我以为那天晚上老师在开玩笑呢！”刘仁礼老师把上午那张夹着一元钱的申请书递给他看。这个学生略带歉意地说他马上去补写。第一周过去了，刘仁礼老师共收到了五张申请书，也开出了五张出门条，并且五名学生均按时返校，刘仁礼老师如释重负。而在以往，一周至少有二十多名学生来找他开出门条，按时回校的也只占60%左右。第一周收效显著，第二周依然如此，这种状况一直延续到期末。

一元诚信金，竟有这么大的威力，这是刘仁礼老师始料未及的，他开始相信中职学生的诚信没有丧失。一张小小的出门条和一元钱，承载的是中职学生的诚信意识。刘仁礼老师也开始思考中职学生的诚信心理过程，发现这个过程完全可以发生在意识知觉以外。中职学生处于青春期，是人生观、价值观趋于定型的时期。叛逆心理严重、自尊心强、思想波动较大、易受不良风气的侵蚀，但可塑性也很强。诚信教育对于每一个中职学生的成长和他以后的职业生涯影响都是深远的。刘仁礼老师巧妙地引导中职学生树立诚信观，以灵活的方式和隐性的载体加强了诚信教育，为社会培养出诚实守信的技能型人才。由于刘仁礼老师治班有方，他在担任染整2006级2班、染整2008级2班和染整2010级2班班主任期间，这三个班每学期均被学校评为优秀班级，而染整2010级2班更是在学校每月的卫生、班风与学风的评比中一直蝉联学校总分第一名。有一位班主任感叹道：“我们班一直把你的班作为赶超的目标，我对我们班学生说，哪怕超他们班0.1分一次也是值得自豪的，可惜直到学生离校了，目标还未实现。”由于刘仁礼老师出色的班主任工作，他多次被学校及自治区工业和信息化委员会评为优秀班主任。

从企业转型而来的李文雄老师，也是位承担着班主任工作，肩负着教育者和组织者责任的优秀老师。他遵循着“先成人后成才”“以德为先”等教育管理理念，严格管理、以身作则，结合自己的企业工作经验，帮助学生确定学习、生活与工作目标，明确就业方向。他坚持天天下到班级里，深入到学生生活、学习中；在课堂与实训基地严格要求学生认真学习本领，遵守规章制度和学校纪律。因此，他所带的班级班风和学风良好，学生积极上进。与此同时，他本人也赢得了家长和学生的尊重。

## 智带男生班和问题班

柳州市第一职业技术学校的许平老师从企业转型到学校后，曾长期担任班主任工作。工作期间，他根据汽车班学生全部是男生、学习基础参差不齐且贪玩好动的特点，组织他们到企业参观，了解生产岗位需求，给自己找一个合适的定位。这样可以使他们在今后三年的学习中有了目标和动力。除此之外，他还对学困生进行家访，深入了解学生的家庭实际情况，帮助他们挖掘自己的优点，发挥自己的特长，纠正他们的思想情绪，提高他们对专业的兴趣，改变他们的精神面貌；并且鼓励他们参加各种各样的集体活动，从而促进学困生全面发展。

2000 汽运班，是全校出名的“问题班”，换了几任班主任，班风与学风却还是没什么改变，学生问题严重。了解到这些问题后许平老师主动接管了 2000 汽运班班主任工作。针对他们的情况，组织他们到企业参观、搞活班会、开展以小组为单位的各类比赛，以此来增强班级的凝聚力；接班初期他就用业余时间对班上三分之二的学生进行了家访，了解了学生的真实情况，真正做到了因材施教。班级面貌在短时间内就有了巨大的变化，学生的学习成绩也有了明显的提高。阶段性考试时全班只有两个学生全部及格，到了期末考试就有 21 个学生及格，杜绝了“全红”的现象。他设计组织的班会得到学校政教处的好评，并在全校进行了展示。

从广西地质学校（即现在的广西机电工业学校）毕业并留校工作的林秀朋老师，被分配到广西地质修造厂从事技术员工作。两年后他回到学校任教，自己曾是中专生的他担任的是 2001 级数控 7 班的班主任工作，这是他第一次由“中专生”转换成为“中专生的班主任”。由于“知己知彼”，他管理的班级井井有条，班风学风优良，荣获了“2012年度自治区优秀班级”的称号。此后，他又担任了2010级数控1班的班主任工作，在他的辛勤工作下，该班荣获文体竞赛第一名1次，三等奖2次，共荣获流动红旗8次，2011年被评为年度“优秀团支部”。林秀朋老师由于班主任工作成绩突出，曾荣获了两次校级优秀班主任的称号。

中职学生难管，中职班主任难做，这是很多中职学校老师的共识。但众多有企业背景的老师，却无论在教学还是在担任班主任工作方面，都以自己的行动证明了他们具有独特的育人方式，为职业教育的德育工作做出了贡献。

## 小　结

职业教育需要一支既懂得教学规律又具有丰富实践经验的“双师型”教师队伍。“双师型”教师是一种复合型人才，培养周期长、工作能力强，是专业教师中出类拔萃的群体。但是，有些职业院校由于评估“需要”，“双师型”教师的数量会被人为夸大甚至虚构，表面上“双师型”教师数量足够，实际上却是职业院校永远的心病——“双师型”教师缺乏。引起这些问题的原因是缺少“双师型”教师形成的环境，并且先天教育不足，后天培训不到位。

对于大学刚毕业就来到学校从事教育教学工作的教师，在经过多年的教育教学实践后，会具备丰富的教育教学理论，掌握娴熟的教学技能，但企业实践能力极为欠缺。而拥有企业背景的教师则恰好相反，他们已经具有了丰富的实践经验和娴熟的操作技能，但转型期欠缺的恰好是教育教学理论和教学技能。因此，对于拥有企业背景的教师而言，转型期的转型态度、行动和心理，会影响到转型的效果。想要转型，意味着他们必须依照“双师型”教师标准来衡量自己，在教育教学中把握好职业教育的“职业特性”，充分发挥出自己在企业所练就的良好的专业能力和职业素养，将缺失的教育教学能力和教师素质尽快补齐，才能成长为名副其实的“双师型”教师，而不是表面上的“双证”教师或“双师素质”教师。

在职业院校，拥有企业背景的教师都经历过一段令人难忘的转型期。虽然不同的人在转型时间、效果、成长空间上各不相同，但不论是专业课教学还是担任班主任工作，经过一段“磨合期”后，他们由初始阶段的不熟悉过渡到熟练后，都会取得或大或小的成就。他们在教育教学过程中表现出鲜明的职业特性，恰好符合职业教育发展的规律，职业教育发展最迫切需要的正是这些特征，他们在完善自身，实现自我价值的同时，也为职业教育注进了新的活力。

# 蜕变篇

蜕变，本意是指蝉等昆虫从没有翅膀的幼虫慢慢地变成能够飞翔的成虫的过程。对于蝉来说，蜕变行为是一场艰难且漫长的战胜困难的过程。蜕变之后的标志是有了一双坚硬的翅膀，昆虫可以一跃而展翅飞翔，停驻在高高的树梢上放声歌唱，生命由此得到升华！

本书研究的对象是广西中职名师培养对象中具有企业背景的专业教师（即企业背景教师）。他们成长的过程，正如蝉一样，经过了在企业的“蛰伏”阶段及初到学校的“转型”阶段后，在战胜了困难、适应了职业，成长为名副其实的“双师型”教师之后，便进入了“蜕变”阶段。每个人的经历及成长过程都有所不同，这个成果并非一蹴而就，而是长期不懈努力的结果。如今，他们中有的成了专业建设的带头人；有的成了教研教改行家；有的则成为指导学生技能比赛屡次斩获大奖的“导师”，更多的则成了“复合型”的专家教师……

## 一、催化蜕变——全面的双师素质培养

### （一）前行中的助推剂——广西中职名师培养工程

职业院校迎来了国家大力发展职业教育的重大机遇，同时也面临着生源不足和生源质量下降等诸多不利的因素。职业教育需要一大批名副

其实的“双师型”教师，而不是只有“双证”而没有“双料”的教师，除此以外，学校更需要一批可以引领中职教育发展的领军人物。令人遗憾的是，如今，高职院校有很多国家级名师，中职院校却没有，这也从侧面反映出中职教育一直是在沿着高职发展的道路摸索前行，缺少创新，更缺少领军人物。毋庸置疑的是，全国中职学校涌现出了一大批敬业务实、成绩突出的优秀“双师型”教师，但真正有较大影响力的学科领军人物、学科带头人则寥寥无几。因此，中职教育在呼唤中职学校出现一批专家型教师与教学名师，以引领中职教育的发展。

上海教育科学研究院副院长顾泠沅教授曾说：“教师职业生涯有走向成熟和追求卓越的两次跨越。而要从成熟跨越到卓越，对于中职教师而言，面临着职业教育理论素养不高和专业化发展缓慢的瓶颈。与其被动地‘呼唤’，不如创造一个有利于教师专业化发展的良好环境和培养平台。”于是，广西中职名师培养工程应运而生。经过说课、专家提问、答辩及专家评议等环节，作为此项目的具体实施单位，广西师范大学职业技术师范学院从广西各地中等职业学校教师中遴选出了100名“中职名师培养对象”人选，并向社会进行了公布。据自治区教育厅相关负责人讲：“职教攻坚核心在教师队伍，名师工程就是要突破广西职业教育发展的瓶颈。”广西中职名师工程旨在造就一批具有先进职业教育理念、具备高尚师德、富有创新精神并掌握了现代教育技术、能在职业教育教学实践中发挥示范和辐射作用的职业教育教学名师，从而以点带面地推进广西职业教育的整体发展和改革创新。

为此，广西师范大学将来自17个中职专业大类的100名学员聚集到一起，采取“五阶段一体化”和“双导师”培训模式，按照职教理论培训、专业技能提升、带课题企业研修、示范性教学与研讨、综合性辐射五个步骤具体实施培训和培养。通过邀请国内职教知名专家、组织学员赴东部地区优秀院校学习，采取“教育专家+企业行家”的“双导师”模式对学员的专业成长和职业规划进行引导。

名师培养工程是中职优秀教师专业化发展的催化剂。在广西100名中职名师学员中，具有企业背景的教师所占比例超过了总人数的10%。

当自身的专业化发展遇到瓶颈时，他们被邀为广西中职名师培养工程的培养对象，正如久旱逢甘露。经过五年名师工程的培养，他们的收获远远超过了预期，在教师专业化发展的道路上越走越宽，越走越远。以下具有企业背景的名师学员在名师培养工程各个阶段的培训感悟，都发自内心地表达了收获和体会。

## 高山仰止，景行行止

南宁市第一职业技术学校的黄煜老师在参加了广西中职名师培养工程的理论素养培训后，大大改变了原有的对培训和学习的认识。多位专家的讲座使他有机会与职业教育的“大家”面对面地交流、学习，对世界职业教育的发展有了更深的了解。专家们的讲座风格各异，内容涉及德国职教新动态、中国职教发展趋势、教师科研能力建设与中职课程改革、教师心理卫生、嗓音训练等。专家的讲座以先进的教育理念、精湛的教学技术、各具特色的教学风格、具有气魄的大教育观令学员们啧啧称赞，让人听完后感到满载而归，同时又感到意犹未尽。

而第二阶段的专业素养培训更是让黄煜老师感到本次培训在培训模式上一改以往培训的大而全，取得了很好的效果。承办培训任务的常熟理工学院针对不同的专业开展了不同的培训，将培训细化。安排的培训内容实用性很强，分为专业提升、实践实训、企业研修三个部分。这样的培训既提高了实践能力，又增长了理论知识，对教学水平的提升有很大帮助。黄煜老师认为，这是一次“理论武装 + 实践指导”的培训，对他个人来说具有十分重要的现实意义。他感慨道：“每一次面对不同的专家、走进不同的企业，我都能感受到思想火花的冲击，耳濡目染地学到很多东西。但要‘采他山之玉为我所用，纳百家之长解我所困’却需要一个消化吸收的过程，这个过程也许很漫长，也许会走得很累，但作为教师的我会走下去。”对于未来的目标，他表示：“前方的路很长，前面的人也很多，我不一定能走到最前沿，但我会朝着这个目标去努力，所谓‘高山仰止，景行行止；虽不能至，心向往之’，这是我一生的追求。今后在教育教学中，我有信心通过自己的努力与付出，做一名人民满意的职业学校教师。”

“从企业中来，再回到企业中去”，以企业实践为主的培训模式对于从企业引进的教师而言还是很受欢迎的，他们不但可以在专业知识上得到更新，进一步了解所教专业在生产实践中能应用的新知识、新技能、新工艺、新方法，还能从企业中找到理论的实践背景，手头有了活生生的企业案例。因而，黄煜老师认为，此次培训，就是一次校企合作的培训，对教学有很大的帮助。而玉林市机电工程学校陈新老师在参加广西中职名师培养工程第二阶段的专业培训中，不但接受了汽车发动机、底盘、电器等基础知识的理论培训，还进行了较新的电控发动机故障诊断与维修的实训、听取了有关自动变速器和电控发动机前沿技术的专题讲座，同时还完成了富有特色的教具开发，制作了项目教学任务，了解了最新的专业发展方面的信息和发展的新动向，学习了更先进、更科学、更有效、更规范的教学理念、教学手段与教学方法等，专业知识素质和教育理念都得到了提升，并且深刻体会到了中职教育任务的任重道远。

### 名师工程培训让教师得到提高

职业教育理论的系统化和专业化一直都是玉林市机电工程学校陈新老师的软肋。经过名师工程培训，他对职业教育学、职业教育心理学、职业教育课程开发和教学设计、职业教育研究方法等方面的主要理论和前沿信息都有了更深的了解。首先，职业教育课程改革一直是陈新老师关注的重点，但也是其弱项。就这个问题，石伟平、曹勇安、王春秋三位专家在不同的层面上发表了自己的理论观点：石伟平从国家级高度，以课程开发的“十步法”来阐述了目前中职专业课程改革中存在的主要问题及其对策的思考；曹勇安从“职业→教育→学校→教师→课程”这个思路介绍了该校的一些课程改革的实践案例；王春秋从当地的情况出发，结合国家职业标准提出了课程是一种方案、一个系统、一个手段、一个动态过程的改革观念。其中石伟平理论对他的影响最大，这也是指导他今后在课程改革方面工作的方针策略。其次，从陈雄章教授关于中职教师科研能力建设的报告中，陈新看到了科研能力是自己最薄弱的地方。经过陈雄章教授在如何选题技巧方面的指导，又坚定了他一定要自觉提高科研能力的信心，同时也熟悉了科研的方法和流程。听了文萍教授有关教师心理卫生的报告，他了解了愉快工作的心理学规律，学习了一些减压的心理方法。这些对于他将来的工作、生活以及在教学中的应用都有重大指导意义。再者，新技能学习是陈新老师喜欢的过程。在彭超教授绘声绘色的讲座中他体验到了合唱音乐的美妙之韵，通过嗓音训练指导，他发现了自己以前唱歌走调、上课嗓子痛的原因——不会正确发声。同时他也在思考如何将合唱这种形式应用于学生的德育教育上，陶冶学生情趣，培养集体意识。拓展训练加强了大家的相互了解，消除了彼此之间的陌生感，增进了团队意识，同时又活动了筋骨，锻炼了身体。同时，陈新发现这种训练也很适应于中职生。

而目前国际上发达国家职业教育的前沿信息使他开拓了眼界，增长了见识，更加系统地了解了职业教育的体系，有利于作横向与纵向的比较。比如德国黑森州的双元制职业教育体系与职业教师培养体系；德、美、英、日等国的现代职业学校教育系统概况；增强职业教育吸引力的一些方法，等等。当然，陈新老师认为，此次培训中令人遗憾的地方是，刚学到的东西不能立竿见影。要摒弃急功近利的想法，要将“学→教→研→用”的培训要求作为将来工作的指导方针。

而在东南大学进行广西中职名师培养工程第二阶段培训的广西理工学校黄天明老师也对二十多天的培训学习依依不舍，感到收获颇丰。他说：“在这里，我切实感受到了校训‘止于至善’的精髓，教育理念得到了提升，开拓了眼界，学习了先进的教学理念，专业素养得到了训练和提高，了解到了本专业先进的教学理论和领域发展动态，这将极大地帮助我们今后更有方向性地提高自身的综合素质能力，将学到的理念和知识应用到我们的实际工作当中。”

## 把握“二进宫”机会，修炼再提高

柳州市第一职业技术学校的江帆老师于2005年9月至2007年10月，成为广西中等职业学校“十大专业百万名师”项目的培养对象，在广西交通职业技术学院接受了为期三年（每年3个月）的学习培训，并获得了结业证书。2010年9月，他又在广西中职名师培养对象遴选答辩工作中被最终确定为名师培养对象。对此有老师戏称他为“二进宫”。

“二进宫”也好，再培养也罢，然而不争的事实是——名师需要成长，也需要培养。所以，他非常珍惜这次培训机会。看到广西壮族自治区教育厅和培训承办单位——广西师范大学职业技术师范学院共同为他们制定的培养工程实施方案时，他感到很欣慰，培训方案中“教育理论培训＋专业知识培训＋专业技能训练”的“三阶段一体化培养模式”非常符合职教师资的成长特点，而这也正是他目前最需要的。德国达姆施塔特工业大学的 Hohmann 博士展示了德国的双元制教学和职教师资培训体系；陈雄章教授讲授了科研方法；卢宁教授比较分析了世界职业教育体系，彭超教授与学员互动合唱艺术及嗓音训练，李燕林老师组织开展了拓展训练……所有这些讲座和训练，都让江帆老师获益良多，在教育教学和科研理论知识的深度和广度方面得到了不同程度的提高。他在培训发言时表示，一定把握机会，好好学习，加强修炼，提高自身的教育教学和科研理论水平，争取早日成为名副其实的职业教育教学名师。

名师培养工程培训中还安排了王枬教授的教育叙事研究、白先同教授的工作过程系统化课程开发与行动导向教学改革、邓若森教授的职业教育课程开发实践、何星存教授的职校文化力建设与技能型人才培养等。这些都是当前职教的热点问题。学员们都说，每一次聆听专家、教授的讲座，既可以丰富教育教学理论、开阔视野、更新观念，又可以全方位地提升自己的对职业教育、教学、教师、课程、科研、心理健康等诸多方面的认识和领悟。

## 立本求真　日新致远

广西纺织工业学校的刘仁礼老师通过学习和培训，明确了教育科研是名师成长的必由之路，并深深地认识到中职教育教学及课程改革任重而道远。在中职教育教学一线工作多年的他深深地感到中职教育的发展的机遇和生存的压力同在。面对素质参差不齐的中职学生，专家教授的职教理论和理念是一种引领，具体措施还得靠中职一线教师去探索与实践、开拓与创新。他非常认同强化“特色精品专业”建设意识、“名师引领”的理念。如果教师的教学理念、教学模式、教学行为不改变，那么再“精品”的课程、再“优秀”的教材，也不能发挥其应有的作用。职业学校教师只有参与了课程开发的过程，才可能对新课程有深刻的理解，从而能够更好地按照新课程的理念进行教学。刘仁礼当时正在编写一本全国中职染整专业的核心教材，正是对“任务引领”型教材的探索与实践。在反思自己的优劣后，他发现，自己在教学上有一定的优势，但教育科研方面仍有待提高。他每年均有论文参加职教论文比赛，但多数收获都是二等奖；每次作为主持人申报区教改项目，也只是获得二级立项。他明白这就是差距。他相信通过学习和培训，自己一定会有更大的收获和进步！

根据教授们的指点，刘仁礼老师进行了自我反思，仔细琢磨着如何根据染整技术专业的特点，设计好教学方案。通过培训，他深刻地意识到，名师的每一节课，对学生而言，应该不仅仅是新鲜、生动的，更应该注重于点燃学生的智慧、激发学生自主学习的热情、在愉快的氛围中体会“做中学，学中做”的课堂乐趣。他在培训结束时表示：“他山之石，可以攻玉，我要将学到的知识运用到教育教学实践中去，让培训的硕果在职业教育教学实践中大放异彩，努力做到脚踏实地、挖掘潜能、练好内功、立本求真、日新致远。立本，体现在教育上就是确立以人为中心的教育理念，把尊重人、关心人、培养人贯穿于教育的全过程。求真，就是努力探索规律，追求真理。对于我们而言，就是探索职业教育规律，学习先进的教育科学基本理论、现代教育观、学生观和学习观。在教学活动中遵循客观规律、调整自身角色与教学方式，出色地做好本职工作。作为广西中职名师培养工程的学员，首先要学会‘日新’——以新思路求新发展，名师不能永远跟在别人后面跑，而应该是中职教育的引领者；‘致远’——追求卓越，精益求精，勇攀高峰努力成为名副其实的中职教学名师。”通过名师培训，他给自己树起一个高远的目标——努力成为真正的教学名师，这不是一种荣誉，而是一种境界。

广西纺织工业学校的刘梅老师说："专家讲座为教师打开了思维，注入了新的活力，使我们对开展专业建设、提升职业教育质量充满信心"。在与名师名家的对话中，学员们领略了他们挥洒自如的名师风采，学习了他们游刃有余的大家风范，他们的钻研之深、学识之广，令人景仰。在这种理论与实践相互联系的对话中，学员们收获着专家们思想的精髓、理论的精华；在分享他们成"名"成"家"的成长过程中，明确了努力的方向——把紧时代脉搏，孜孜不倦地研究教育教学规律，在教学反思中快速成长，成为师德高尚、业务精湛、科研能力强的中职教学名师！

## 常熟培训受益匪浅

2011 年 5 月 10 日 ~5 月 28 日，广西纺织工业学校汪薇老师在广西中职名师培养工程第二阶段专业素养培训中，作为纺织服装组的学员兼组长，被派到了常熟理工学院艺术与服装工程学院接受培训。对于她来说，能从繁忙的教学工作中抽身出来，到经济发达的长三角地区接受专业培训不是件容易的事情，所以她格外珍惜在常熟的每一天。

在这次培训过程中，学员与大学教授之间经常有热烈的讨论和交流，这种交流让她受益匪浅。教授们把他们自己的一些课题研究报告、科研论文，以及教学课件都提供给了学员们，让学员们在短时间内收集大量的珍贵资料，而来自中职教学一线的汪薇也把一些教学案例和教学经验与教授们分享。此外，教授们在课余时间还传递了大量的行业信息，利用他们手中的人脉资源给学员们带来了意外的收获，为学员今后的专业发展搭建了桥梁。师生之间相互学习、取长补短，结下了深厚的友谊。

这次常熟专业素养培训，让汪薇老师产生了一种继续学习的紧迫感。她认为，中职教师不能再停留在技能教学的层面，还要不断了解本学科的动态，了解国内职业教育科学研究的新成果，密切关注职业教育改革的前沿动态；同时一定要学会不断总结、提炼自己的日常实践教学方法和经验，将它们升华为技术研究成果。

而让汪薇老师感叹的是，江苏的服装院校与企业合作是一种真正意义上的合作，学校里设有工作室或研发中心与产业园区，教师把项目教学放在这些工作室或研发中心里完成，同时还可以对外承接项目，师生共同参与。企业的人才需求、行业的蓬勃发展与职业院校的招生和就业三者之间形成了良性循环。广西处于经济发展相对落后的中西部地区，大规模的知名服装制衣企业几乎没有，培养出来的80%中职学生都会“孔雀东南飞”。没有良好的市场需求是导致如今中职招生困难、就业稳定性差的重要原因。广西中职的服装专业怎样才能开辟出一个良好的校企合作模式是急需解决的问题。

18天的培训转瞬即逝，带给汪薇老师的启发和经验，是一笔永久的精神财富。她增长了许多见识，收获了许多新理论、新方法，这些都将指导她今后的科学研究和教学，为自己的发展确定新的目标和发展方向。

广西机电工业学校林秀朋老师与其他数控专业组8名教师一起在常熟理工学院接受了广西中职名师第二阶段专业素养培训。在培训期间，他们先后参观了常熟长城轴承有限公司、常熟市机电设备厂及常熟强盛电力设备有限公司。通过到企业的实践和观摩，他们了解了现代制造业中的新技术、新设备和新工艺，特别是叶片加工工艺流程中的多轴加工及大型零件加工中的加工装备、加工方法、技术支持及零件检测等。通过看、听、问，以及参与到企业生产实践中的过程，学员们熟悉了零部件加工的工艺流程和各岗位操作规程，丰富了实践经验，拓宽了视野。同时，认清了在新形势下企业对中职学生的要求及中职教育的改革方向。林秀朋老师表示，在常熟赴企业实践的经历，将对他的教学工作起到重要的启示作用。

### “这是一次自我升华的蜕变”

2012年6月3日，桂林市卫生学校的文旭东老师和其他学员们一起进驻了广西师范大学职业技术师范学院，开始了为期22天的广西中职名师工程带课题企业研修的学习。这次培训内容包括课题研究专题培训、带课题企业研修、示范教学研讨和总结研讨四个阶段，每个阶段都各有收获、各有感悟。用她的话来说，“这是一次自我升华的蜕变”。

课题研究专题培训期间，她聆听了多位教授有关课题研究的专题讲座和案例分析。广西师范学院继续教育学院院长王屹教授讲授的广西中职教改研究现状及问题分析，让她知道了当前的中职教育教改研究存在着哪些问题。王屹教授还结合案例讲解了如何在教改立项中进行选题设计和方案设计，这对立项申请非常有帮助。广西师范大学文学院黄伟林教授就职业教育人才培养中道与技的关系进行了讲解，提醒学员在中职技能教育为主的同时不要忽略了道德教育，因为“百行皆有道，人人在学道”。仅有“技”而无“道”，这种“技”见不得阳光，上不得台面，甚至会违法。华东师范大学博士生导师、职业教育研究中心主任马庆发教授的《八大关键词：“十二五”职业教育研究方略》指出，要根据我国国情和我国职业教育特色进行职教研究。职教研究应把握好八大关键词，即落实和实施《教育规划纲要》、体制改革、自主办学、质量提升、反贫困责任、职业教育共同体、示范院校建设和顶层设计。华东师范大学教育科学学院博士生导师马和民教授在《中职教师科研素养的养成路径》中谈到制约中职教师科研素养提升的因素有哪些，提升中职教师科研素养的路径是什么，并告诉学员们：所有的研究，都应该重视“厚积而薄发”。广西人社厅教师德育专题巡回讲座特聘专家蒋乃平更是图文并茂地讲授：“在中职教育中德育的重要性，学校要通过德育提高职校学生的自觉性，通过德育有效地开展中职生职业生涯教育，每位教师都应该力争成为‘指点人生的导师’。”广西师范大学环境与资源学院高级工程师陈全斌教授还结合自身科研经验，以罗汉果的研究与开发为例，讲解了如何发现有价值的研究问题、如何开展课题研究；开展研究需要掌握哪些方法；做研究最重要的品质是什么，等等。湖北工业大学高等职业教育研究中心副主任李梦卿讲授了比较视域下我国职业的教育改革与发展趋势，并采用与学员互动的形式、案例分析方法传授如何进行课题申报与研究，为今后的课题申报与研究做了良好示范。

文旭东所在的医药卫生组在文萍院长和桂林医学院杨红梅教授的指导下开始了课题研修第一步。通过汇报讨论与导师的指导，他们预选的课题由《班主任在中职生健康行为养成教育中的作用研究》改为《护理类专业学生卫生行为习惯训练模式研究》。随后他们又对课题的内容、方法、成果等进行探讨。有了导师的指导就是不一样，课题研究选题题目用词更准确、研究思路更清晰、方法更准确、预期成果也更加丰富。他们还在导师的指导下进行了开题报告，及时发现了研究设计时忽略的一些问题。通过上午的学习，再次体会到了导师们知识的渊博、思维的敏捷、对学术的精益求精。这些都是一位名师成长中所需要的特质。

文旭东老师作为广西中职讲师团河池组成员，在广西师范大学职业技术师范学院李鲲导师的带领下，前往罗城仫佬族自治县职业教育中心开展送教下乡活动。讲师团全体成员以高度的责任感和团队合作精神，主动与校方沟通协调，并对授课内容和方式进行有针对性的调整。内容有专题讲座、示范课教学观摩及评课研讨，活动取得了圆满成功，充分展示了广西中职名师学员的风采。本次广西中职讲师团送教下乡活动赢得了罗城职教中心校领导和全体教师的高度评价："你们播下了一粒火种，点燃了仫佬山乡职教希望。"同时校领导和全体教师们衷心希望这样的送教下乡活动能持续性地深入开展，为县级职校的发展和内涵建设起到示范和引领作用。通过此次学习培训，文旭东老师的各方面都得到了很大提升，正如她所说的，这是一次蜕变和自我升华的过程。

### （二）砥砺前行——且行且思且为文

具有企业背景的职业教育教师要走专业化发展道路，要从优秀教师蜕变为教学名师，不仅要在教育教学实践中善于反思，促进教育教学改革和创新，而且还要善于把自己的实践和反思总结成论文，以表达自己的观点，形成自己鲜明的个性。

1. 关于何为中职名师的思考

何为中职名师？这是广西中职名师学员一直在思索的问题。南宁市第一职业技术学校黄煜老师以"心无旁骛志自远，不待扬鞭自奋蹄"为题进行了思考：

具有"双师素质"是中职名师的基本要求。中职名师既要有"双证书"又要有"双能力"：即一要有较高的文化和专业理论水平，有较强的教学、教研及教学能力和素质；二要有广博的专业基础知识、熟练的专业实践技能、一定的生产经营和科技推广能力，以及指导学生创业的能力和素质。教师要在具备理论教学的素质的同时，具备实践教学的素质。

玉林市机电工程学校陈新老师则认为：

“名师”要有四重含义。一重是指：凡名必须副实，才是确切的名，也就是要名副其实。二重是指：声名与名誉，引申为有名。三重是指：师者是传道授业解惑者。四重是指：对于专门知识技能的人的称呼。所以我认为：“中职名师”从狭义上讲，是指在中职学校中，有某项专门知识技能、有名气的老师，且名副其实。从广义上说，则是在社会上，具有某项专业知识技能，并且具有很高名誉、名声的中职老师，且名副其实。

中职名师应具备哪些基本素质呢？第一，从它的定义上来说，是具有做教师的基本条件，同时具有社会上认可的一些职业技能证书并且名副其实，还有就是在各种媒体和社会上有一定的知名度。

第二，热爱本职工作，师德高。特别提出来一点是：非常热爱教师这个工作岗位，愿意一辈子从事这个工作。因为热爱是推动一个人前进的最好的动力因素，否则就是取得了名师的荣誉也不能发挥它的作用。

第三，对教学业务非常熟悉，对本人所从事专业非常内行，并且具有高超、精湛的教学能力。中职教师担负的是与普通中学教学不一样的教学内容任务，它具有很鲜明的职业教育特征。中职名师恰恰是教授学生职业技能，指导其树立正确人生观，解答学生在转型过程中遇到问题的良师益友，这些都要以学生职业技能的掌握为载体。所以中职名师最重要的一点就是既要非常懂本行，也就是要在本专业范围内相当的内行和有名气，又能够很好地把自己高超的技能传授给学生。名师还应该对本行业将来的发展状况具有一定的前瞻性，因为当今这个世界变化得太快了，教师不能总是教学生过去的东西，也应该向学生展示未来，要影响学生一辈子。名师们更大的作用体现在对中职学生健康成长的影响上。

第四，名师还应该具备一定的组织能力和社会影响力。个人具有名师的素质，还不能称为“名师”，名师不光在本校与其他中职学校，更应该在社会上具有较高的知名度，至少在他从事的行业内有很高知名度。利用这些知名度，应当有能力组织自己所能影响到的人员组成一个团队，因为个人的能力毕竟是有限的，一个由名师带领的团队，会把名师的作用放大很多倍，可以起到以点带面的效果，进而促进一个学校甚至一个地区教学水平的提高。利用名师的社会效果整合社会的资源，来促进教学改革、促进学校发展、促进学生就业等方面工作的开展。

第五，名师还要有勇于创新和改革的精神。中职学校从来不缺乏优秀教师，但是具有创新改革精神、勇于创新实践的优秀教师凤毛麟角。人一经成名，往往害怕失去好不容易得到的荣誉，这样就容易保守、墨守成规。所以名师必须有创新改革的勇气和能力，才能推动我国中职教育事业发展。

柳州市第一职业技术学校江帆老师以“中职教师的五项修炼”为题进行了如下思考：

名师是一种积极性的社会评价，是人们对其工作的肯定与褒奖。说得具体点，名师的知名度实质上是其德、识、才、学的总体的或某些方面的独特优势的集中反映；或者是突出的教育成就的结晶，或者是杰出的教研成绩的体现，或者是优异的教学风格的显示，或者是超群的人格的凝聚，或者是兼而有之。

中职教师要成为名师必须要经过五项修炼。

一是理想信念的修炼——战胜自我。一个人成才、成名的过程，就是一个征服自我、战胜自我、完善自我、实现自我的过程。这就是要对自己高标准、严要求，克服自身的缺点、弱点、无知和不足，达到自我完善。对于教师而言，就是要建立一个完善的知识结构和能力结构，培养健康的心理和完美的人格。

二是师德的修炼——人格的圆满。教师的人格影响着、甚至决定着对教育和教学活动的力度与质量。教师的人格对学生人格的形成具有直接的影响作用，通过教学风格和管理形式也可以影响教育的效果。所以，一个名师应该具备感染力强的完美人格。著名教育家丰子恺把圆满的人格归结为“求真、至善、达美”。

三是教学艺术的修炼——追求卓越，形成风格。任何一个教师要形成自己的教学风格并非一朝一夕就能实现，而要经过一个漫长的教学磨炼过程。这个过程是有志于形成自己教学风格的教师由模仿到创造，由合乎规范到显示特色，由必然王国到自由王国的发展过程。这个发展过程可分为五个层次和四个阶段。教学风格形成的五个层次：教学技术→教学技能→教学技巧→教学技艺→教学艺术。各层次的特点由此可见。教学风格的形成体现了一个优秀教师的成长历程，教学风格的形成过程是一个教学技术由低级向高级发展的过程，也是一个由共性向个性发展的过程。

四是科研能力的修炼——做科研型教师。只有把学习、研究、教学三者有机地结合起来，在教学中研究，在研究中学习，才能使教师持续进步，使其教育教学水平不断提高。从一个教学实绩突出的经验型教师成为科研型教师，是优秀教师成熟的一个显著标志。科研能力的修炼途径通常有主持课题研究、主持课程改革等。

五是专业技能的修炼——做“双师型”教师。中职学校专业教师必须具备相应的专业技能且具备一定的动手操作能力，才能指导学生实习实训，成为一个能教、会做、善指导的“双师型”教师。作为一定领域内的中职名师，专业技能应该高于一般专业教师，只有这样才能起到带头、示范作用。提高专业技能的途径主要有：坚持企业实践、主动承担专业实训课的教学。

总之，中职名师的成长与中小学名师的成长是基本相同的，都需要进行理想信念、师德、教学艺术和科研能力的修炼；其中不同的是，中职名师还需修炼专业技能。名师的成长，需要依托于良好的外部环境，但个人创造性地实践、思考与修炼才是根本。

广西机电工业学校的林秀朋老师对此有着自己深刻的体会：

中职名师所从事的工作是具体的，在教育教学领域中有较大的影响力；教学方法具有代表性、示范性，能得到同行的认可；熟练运用现代化手段，为教学服务；科研能力强，参加过教改、课改的立项项目，能承担国家级职业教育精品课程的编写；指导学生参加各级别的技能竞赛，成绩突出；指导年轻教师，效果显著。

“实践出真知”，中职名师要立足本职，面向企业，在实践中练就本领。中职名师通过在工作中发现问题，解决问题，再发现问题、解决问题，来不断提高自身的文化修养及专业素养，在教书育人中不断有新的突破。中职教师要真正掌握相关专业的操作和要求，成为有企业背景、名副其实的“双师型”教师。

中职名师的舞台应在教学、生产和科研一线中。有这样一批名师，中职教育才能做到以点带面，蓬勃发展，中职教育才能满足面向学生、面向企业、面向岗位的实际需要。教学一线的名师更能鼓舞中职教师的社会责任感和职业自豪感。职业学校更需要名师，要办名牌职校，必须有名师。中职名师是学校的一面旗帜，是教师的一种精神，更是社会的一份责任。中职名师是中职名校的标志，是教改、课改的中坚力量，是所有中职人为之奋斗的目标，更是顺应时代的召唤与需要而生的新鲜力量。

广西纺织工业学校刘梅老师以“中职名师之我见”为题思考：

从事中等职业教育工作的名师，应该具有先进的职业教育理念、掌握现代职业教育技术，具备高尚的师德；专业理论功底深厚、具备精湛过硬的专业技能和行业经验；科研能力强、掌握教育科学的规律；具有反思精神、能独立思考；在职业教育、人才培养、学术建设和社会服务等方面业绩突出；在社会上有一定知名度，得到同行广泛认可。通俗地说中职名师应是“学生喜爱、家长放心、同行佩服、社会敬重”的教师。

如何才能成为一名真正的中职名师？名师不是打造出来的，也不是宣传出来的，而是在学习和实践中锻炼出来的。中职教师成为名师需要孜孜不倦地钻研，勤勤恳恳地实践；在实践中历练，在历练中学习，在学习中反思，不断感悟，在反思中不断提升，有所创新。

只有重视自身人格魅力的塑造，提高学识水平，才能得到学生的尊重；只有加强政治理论学习和教师职业道德的训练，不断地提升自身的职业责任感、职业态度和职业精神，才能成为广大教师的楷模。

掌握先进的职业教育理念，是名师成长的关键要素。中职名师培养对象要增强开拓创新的意识，成为学校教育教学改革的骨干，充分运用先进的职业教学方法，组织开展学校的教育教学改革实践活动，创新教学方法和工作方法，提高职业教育课堂教学的实效。

能力素质是名师成长的核心要素。要不断提高自己的专业知识和业务素养，及时了解学术动态，把握改革方向；不断更新知识，始终争取站在本行业、本学科的前沿，真正履行“传道、授业、解惑”的教师职责。名师培养对象应具备足够的知识储备，积极参加各类进修、培训和学术经验交流活动，珍惜每一次学习、考察、交流、研究的机会，乐于学习和掌握新知识、新技术、新信息，激活教育思维，丰富教育经验，增强教育的感受力、洞察力和想象力。多方搜集资料，及时把握职业教育发展和学科发展的动态，善于积累理论学习成果和科学实践经验。

勤于反思，勇于实践是名师成长的必由之路。一个教师写一辈子教案是难以成为名师的，但如果写三年反思则有可能成为名师，教学反思是教师成长的“催化剂”。职业教育工作者应将先进的教育教学理论、方法运用到教学工作中，在实践中改进，在反思中提升。正如上海著名特级教师顾泠沅所说的“真正的名师是在学校里、课堂里摔打出来的”。只有通过不断实践，深入反思，总结经验，教师才能更新教学观念、改善教学行为、提升教学水平和教学质量，使自己真正成为教学研究的主人，提高教育教学工作的自主性、目的性和创造性。

广西纺织工业学校的汪薇老师则认为：

名师，应是教育实践领域中的带头人、佼佼者；是师德的表率、育人的模范、教学的专家、科研的能手。他们人格完善，学识渊博，教艺精湛，业绩超群。

何为中职名师？我认为：中职名师在名师的基础上拥有更多的职业特点。想要成为一名真正的中职名师，应具备以下几个方面的素质：一、具备良好的心态，善于“悦纳”职校的各种学生，成为专家型教师。二、做到教学理论与操作双精通，成为具有自身鲜明的特色和风格的“双师型”教师。三、掌握现代职业教育技术，有一定的教学组织与管理水平，能在本专业的专业教学实践中发挥示范和辐射作用。四、具有先进职业教育理念和较强的教改科研能力，富有创新反思精神与积极的探索精神，能以点带面地推进本专业教育的整体发展和改革创新。

我们身边但凡在专业上取得一定成就或荣誉的专家或名师，哪个不是经过千锤百炼掉了不知几层皮的？都是把自己的潜力发挥到极致、在能力边缘的极限上锻炼出来的，唯有如此，中职教师才能攀上事业的高峰，成为一名优秀的职教教师。

柳州市第一职业技术学校的许平老师就影响中等职业教育教师“成名”的因素进行了思考：

我国的“名师”目前集中在普通基础教育和高等教育教师队伍中。中等职业教育经过多年发展，却少有全国“成名”的教师，造成这个现象的原因是多样的，主要有以下几点：

一是“学而优则仕”的思维方式。认为唯有读书高，轻视甚至鄙视从事专业技能的劳动者。

二是职业教育的固有属性。与普通教育和成人教育相比，职业教育侧重于实践技能和实际工作能力的培养。社会的分层过于明显，不同社会阶层之间的差距过大，并且社会的垂直流动很少，使得社会成员希望通过教育来改变自己原有社会地位的愿望很强烈，促使他们更多地选择普通教育，而不是职业教育，从而给职业教育发展带来困难。

三是中职教育难衡量。社会在变革，社会对职业教育的需求也在不断变化，新技术和新工种如雨后春笋般地出现，迫使我们的中职教师不断地去学习新领域的知识。中职教育有 17 个专业大类，不同的专业标准和要求差距太大，而普通中学学科门类较少，评判的标准也相对简单，中考、高考成绩是主要的衡量指标，而以就业为导向的职业教育却很难用一个单一指标去衡量。

广西纺织工业学校的刘仁礼老师则认为，中职教师要“功成名就”需要闯过六道关：

中职学校优秀的具有企业背景的“双师型”教师更容易成长为教学名师，这是由职业教育的特性决定的。丰富的企业实践经验，为从事职业教学奠定了坚实的基础，可谓厚积薄发、水到渠成。

中职学校教师要成长为教学名师，需要闯过六道关，才能功成名就，原因有以下几个。

一是中职名师应具有所有教学名师的“共性”，更应具有优秀的“双师型”教师的“特性”——师德高尚，励志育人。俗话说，十年树木，百年树人。作为中职名师，在教书育人中，更要关爱这些“屡战屡败”的中职学生，不仅要教学生专业知识和专业技能，让学生学会谋生的本领，更要让学生“学会做人的道理”。中职名师首先应是“励志”大师——在教学中要顺势利导，善于发现中职学生身上的闪光点，及时给予他们鼓励和表扬，重塑他们的自信心，使学生人人都有“天生我材必有用”信念，这对于中职学生的成长和成才具有重要意义。因此，中职名师应成为学生的良师益友，成为指点学生人生的导师。

二是专业水平拔尖，同行引以为师。中职名师必须熟悉教学规律，具有娴熟的教学技巧，技艺精湛，是教学的行家里手。名师的课堂必须生动有趣、引人入胜、启人深思、潜移默化、催人奋进；名师的课堂甚至会影响学生的一生。中职名师在教学上一定要形成自己独特的风格，教学业绩必须超群，不仅深受学生的喜欢，而且能得到教师同行的首肯，成为同行之楷模。

三是以教研促教改，做中职教育改革的引领者。中职名师不仅要是教学能手，始终站在教育教学教研第一线，更要注重教学反思，研究中职教育教学规律，解决教育教学中存在的突出问题。中职名师要积极主持和参与教育教学改革研究，成为职业教育教学改革真正的探索者和实践者。中职名师应是课程改革的整合者，是教学方法的创新者。中职名师要善于教学反思，促进教学相长、教研相长，通过教学研究，促进教学改革，做中职教育改革的引领者。

中职教师需闯过六道修炼关，方能成长为教学名师。

第一关：加强道德品质修炼，铸就高尚师德。“学高为师，身正为范”，教师必须为人师表，而教师要成长为名师注定要有一个长期的道德修炼的过程。教师是灵魂的工程师，要注重对自身道德修养品质的锻造，教书育人、诲人不倦、乐于奉献。中职名师必定是信念坚定、品德高尚之人。

第二关：勇于承担德育工作，争做优秀的班主任。要成为中职学校的名师，必定要勇于承担学生的德育工作。作为专业教师不仅要把德育教育渗透到专业教学中，而且更要勇于承担班主任工作。

第三关：增强业务修炼，成为名副其实的“双师型”教师。

第四关：投身教研教改，做职业教育教学改革实践的先锋。中职名师必须积极参加教改、教研活动，把“教”与“研”有机结合起来。中职学生文化基础普遍较差，对纯粹的理论学习不感兴趣，中职名师必须对中职教育的人才培养模式、教学模式、课程改革、教学方法、学生管理、德育教育等方面进行课题研究或探索实践，提出解决当前中职教育遇到的种种问题的新思路、新措施。课题研究是教师成长的最好熔炉，是教师修炼成为名师的必由之路。

第五关：服务于企业，具有较高的行业影响力。中职学校双师型教师有企业工作的经历，具有较高的专业技术水平或操作技能，同时又从事专业教学及专业技术领域的研究，理应积极服务于企业，或为企业提供技术服务，或为企业解决疑难问题，或为企业培训技术人员和管理人员。久而久之，中职学校的教师在行业中就会具有较高的知名度。

第六关：适时“亮剑”，一鸣惊人。“酒香还怕巷子深”，中职名师需要有一定的社会知名度，更需要有一定的美誉度。中职学校的“双师型”教师要修炼成为教学名师，他可以厚积薄发，但必须适时“亮剑”——不鸣则已，一鸣惊人！有志成为中职名师的“双师型”教师，一定要有更高的追求境界，通过教学技能比赛、指导学生参加技能比赛“扬名”，通过课题研究、著书立说“著名”。

2. 关于中职教育的实践与探索的思考

具有企业背景的教师之所以在职业教育中进步大、成长快，这和他们在实践探索中养成的“且行且思且为文”的良好习惯有关。他们善于将自己在职业教育实践中的反思转换为文字上的思索和提炼，从而逐渐提高了自己的研究水平。而只愿行动，不愿动笔行文，是难在职业教育教学改革中有所建树的。桂林市卫生学校的文旭东老师爱岗敬业、勤勤恳恳，在繁忙的教育教学工作中仍注意反思与总结，提炼自己的心得与体会。近几年来，她参加了桂林市和全区中职教育优秀论文评比，并获得了一、二等奖。她在《卫生职业教育》《护理研究：中旬版》《护理实践与研究》等期刊上公开发表了《三级质控体系在中职护生职业行为规范自主管理中的应用》《护理查房模式在护理技术教学中的应用》《共情在护患沟通中的应用》等多篇论文。论文内容涉及职业教育的素质教育、教学模式、教学方法改革等内容。这反映出她从医院转型来卫生学校做专职教师后，不仅热衷于教育教学改革，而且学术水平也得到了提高。

柳州市第一职业技术学校的许平老师，积极将德国教育教学法引入汽车专业教学中。经反复实践，形成了自己的教学风格，并撰写了《行动导向教学法在汽车维修综合实训课程中的应用》《基于工作过程的（汽车发动机电器维修）课程开发》《浅谈汽车构造课与自制教具开发同步的思考》等多篇论文，获得广西职业教育教学优秀论文两个一等奖、一个三等奖的好成绩。他还在《广西教育》《现代阅读》《中国新技术新产品》等期刊上公开发表了《汽车技术服务与营销专业的特色实训体系建设探析》《浅谈汽车构造课教学与自制教具开发同步的思考——项目教学法在汽车专业教学的实际运用》《由校车安全事故引发儿童乘员的思考——车辆儿童约束安全系统》等多篇论文。

广西纺织工业学校的汪薇老师在服装设计与制作专业教育教学改革及指导学生参加全区、全国服装设计技能大赛的过程中，执着思考，敢于探索，勇于实践。无论工作多繁忙，她都要对近期的教育教学工作进行文字上的反思与总结，以提高自己的教学与科研能力。近几年来，她在《职业教育与研究》《轻纺工业与技术》《职业技术》《中国信息技术教育》等期刊上公开发表了《服装技能大赛—中职服装教学改革的风向标与推进器》《省道及分割线在职业女装设计中的重要性》《褶皱在现代服装造型设计中的应用与创新》《中职服装实训教学中数字化仿真系统的应用》等多篇论文。她撰写的《中职服装技能竞赛辅导中对“生本教育”理念的探索与应用》《数字化技术在中职服装教学中的探索与应用》等多篇论文分别获得广西职业教育和成人教育学会优秀论文二、三等奖。

广西纺织工业学校刘仁礼老师一直在中职教育教学一线担任专业教师，他自 2005 年 8 月来到职业学校以来，曾在全国中文核心期刊《印染》上发表学术论文两篇；在《染整技术》《针织技术》等全国有影响的专业期刊上发表学术论文两篇。在《轻纺工业与技术》《教育学》《广西教育》等教育期刊上发表了《基于实践导向的染整专业教材特色的开发与应用研究》《小组工作法在中等职业学校染色课程教学中的应用》《一张出门条与一元诚信金》《陶行知“教学做合一”教育思想在中职染整技术专业教学改革中的应用实践》等十余篇教育论文。他撰写的《基于实践导向的染整专业教材特色的开发与应用研究》《构建基于零事故的中职学生顶岗实习安全管理模式》《小组工作法在中等职业学校染色课程教学中的应用》等多篇论文分别获得广西职业教育教学优秀论文评比一个一等奖、两个二等奖。此外，还有一篇论文获得了全国纺织职业院校教育论文评比二等奖。

“问渠哪得清如许，为有源头活水来。”具有企业背景教师的十余名广西中职名师学员，一直奋斗在中职教育教学一线，积极投身于职业教育教学改革的实践中。正因为他们在实践中感觉到困惑，在困惑中思考、在反思中前行，他们才且行且思，渐行渐明。

## 二、蜕变求精——做专业建设的带头人

具有企业背景的广西中职名师学员，由在企业的“蛰伏”转为职业教育专任教师，经过“转型”阶段的转型、成长之后，可以很容易地找到继续上升的空间，他们本身也有很强烈的继续提升的欲望。他们很清楚目前的职业教育与企业生产实践的差距所在，他们更容易根据自

身优势在某一领域结合教学加以务实的钻研和探究，而且也容易做出成效，从而实现“蜕变”。然而，“蜕变”没有结束，因为他们一直在努力朝着成长为中职名师的目标前进……

## （一）对接区域支柱产业，建设校内外实训基地

企业背景教师，在企业中摸爬滚打多年，了解行业、企业的行情和发展趋势，熟悉区域经济的发展态势，与区域内企业有着密切而友好的来往关系，对职业教育切合区域经济也有更深的体会。经过转型期对专业建设的探索，在专业建设中，他们特别注重对接区域支柱产业，切合经济发展趋势，建设校内外实训基地。

### 对接区域支柱产业，建设校外汽车维修实训基地

许平老师是汽车维修高级技师、中学高级教师、学校汽车工程专业部学科带头人兼柳州市汽车维修行业协会秘书长。他工作勤勤恳恳，针对职业教育特点，勇于创新。他曾指导学生参加中职技能比赛荣获自治区一等奖、全国三等奖；曾荣获学校“十佳优秀教师”和“导师型教师”称号、“柳州市优秀教师”称号；2006 年，被列入柳州市“一级平台”培养对象，是唯一一个进入该“平台”的职业学校教师。

柳州市第一职业技术学校的汽车专业从无到有，现在已形成一定规模，成为广西壮族自治区示范性专业，许平老师在其中倾注了大量的心血。十多年来，他一直担任教研室负责人，在汽车专业筹建到发展中的分析、立项、设计及管理全过程都做了大量的工作，对每一台教学设施都充满了感情。他以身作则，带领大家按模块建成了七个实验实训室。

许平老师依托汽车公司，培育企业课程。他带领专业团队通过调研分析提炼，与校企共同创建企业课程，并开展教学活动。

许平老师成功策划并举办了两届汽车新技术研修班，分别邀请了国内汽车知名专家朱军和李刚教授到校讲学。2002 年、2004 年在该校举办了汽车新技术研修班，培训人数分别为 220 人和 320 人。参加学习的学员是分别来自广西各地的汽车维修企业的技术负责人和技术骨干，以及区内开设有汽车专业的中职学校和技工学校的教师。通过举办这样的

活动，在职业学校和企业之间架起一个相互了解和沟通的平台，加强了该校汽车专业与汽车维修企业的合作，提高了本专业在社会上的影响力，为该校汽车专业的建设和有序发展奠定了良好的基础；同时也加强与兄弟学校的交流。这些活动得到了各方面的好评，柳州市运管处、柳州市汽车维修行业协会都对活动给予了大力的支持，并希望能坚持举办下去。特别指出的是，举办这样的活动，都是按照市场运作的方式进行，通过企业赞助为研修活动提供了必需的资金，这种举办方式为参加学习的学员提供了便利，为学校节省了资金并做了宣传。

此外，许平老师还利用本专业师资设备条件充分的优势，向周边地区进行辐射。柳州市第一职业技术学校作为广西中职师资培训基地，承担了广西汽车实习指导教师培训工作，并与鹿寨、三江、柳江、融安等地职校结对子，进行帮扶，充分发挥了专业的示范作用。其中许平老师负责了教学计划的制订和具体实施。

通过许平老师的积极努力，学校与中国汽车工业总公司进行汽车配件营销员培训项目合作，成为该公司在广西唯一的汽车配件营销员培训基地和广西定点的汽车配件营销员职业资格鉴定点。

许平老师在学校和企业之间架起了“高速立交桥”，用于探索新的工学结合模式，拓展了校外汽车实训基地，为专业的建设和发展做了积极的贡献，使汽车专业成为柳州市的“品牌专业”和广西壮族自治区的“示范性专业”。2004 年，该校汽车专业被教育部等六部委列为全国汽车紧缺人才培养培训基地，2005 年通过广西壮族自治区示范性专业评估。2013 年该汽车专业被评为中职国家改革发展示范学校重点建设专业。

陈新老师是玉林市中职教育技能比赛专家委员会汽修专业专家组组长兼裁判长，广西教师教育研究会中职教育教师研究分会会员，兼任玉林市新加林汽车维修服务有限公司技术总监。

陈新老师在实训基地建设方面成绩显著。他非常注重实训室在实践教学中的重要作用，并且充分利用了自治区职业教育攻坚的机遇，5 年间积极参与新建和改建了 12 间实训室，学生实训条件得到了极大的改善，大大增加了学生的实践动手机会。该校汽车维修技术实训基地是2009年度区职教攻坚项目，并获得专项经费300万元。陈新老师积极带领专业团队进行了实训基地申报、设备采购、场地建设、设备安装、调试等工作，初步建成了发动机综合实训室、汽车底盘构造实训室、轿车整车实训室、汽车电器实训室、汽车修理实训室和摩托车与电动车实训室。并制定了汽车维修技术实训基地建设发展规划、日常工作计划和各项规章制度，加强了对本专业建设的指导和管理，进一步发挥出实验实训室对创新人才、技能人才的培养作用。2010年8月该项目顺利通过广西壮族自治区教育厅对实训基地的验收。

2012年4月学校获得中职教育汽车运用实训基地建设项目建设专项经费125万元。陈新老师参与建立了以课程建设和企业岗位要求为主导的：汽车运用实训中心、汽车数字化虚拟实训中心、汽车美容实训中心、车身整形与涂装、汽车空调实训室。2013年4月顺利通过了区教育厅对实训基地的验收。新建成的汽车维修技术与汽车运用实训基地，设备先进、齐全，技术先进、起点高，能满足以生产性实训为特征的人才培养模式需要，有利于培养学生的专业技能，并完全能满足学校目前教学和服务本地产业及职业技能鉴定考核工作的需要。实训基地管理严格、规范，建立、健全了设备管理、实训管理等系列规章制度并严格执行，使实训基地的设备利用率、设备完好率均达到95%以上，实训开出率达到97%，确保了实训教学有序、高效地进行。正因为这一系列卓有成效的工作，2010年学校汽车运用与维修专业顺利通过了自治区示范性专业的复评和教学水平评估。

陈新老师还主持建立了学校与玉林市新加林汽车维修服务有限公司校企合作的实训基地，为学校建立新型校企合作实训室作出了贡献，达到与企业互利互惠、合作共赢的目标，创建了学校实践教学的新方式。

2008年7月，陈新老师创办了一家汽车维修店，开始只是一个拥有几名员工的小店，后来壮大为一个有十几名员工的二类小汽车修理公司，主要维修的是中高档小汽车。服务内容不但包括一般的维修保养、机电维修，还能进行钣金、喷漆、保险理赔等业务。陈新老师创办小汽车修理公司的初衷就是接纳自己的学生进行实践教学，让学生在真实的工作环境中学习企业最新、最实用的维修方法，使学生零距离与企业对接；部分学生还选择了毕业之后留下来继续工作。当毕业生学到一定技能并完全能独立工作后，陈新老师就鼓励他们到其他汽修公司去工作，积累更多的工作经验；而对于各方面能力较强的毕业生，他更是鼓励他们自己创业开汽车修理店。如今他的学生已有部分成了汽车修理店的老板。

## （二）潜心教学改革，编写对接企业教材

作为在企业工作多年的企业背景教师，深知企业的用人要求和标准。在转型期，他们发现职业教育与企业的要求仍有较大的差距。究其原因，一是职业教育教学的内容与企业实际有较大的差距，因为企业发展快，新技术、新工艺、新材料、新设备不断出现，而教材的编写周期长，使用年限也较长，势必造成教学内容与企业实际需求严重脱节。只有加强专业特色教材建设，才能在专业建设中体现出灵活性、针对性，才能使专业建设更及时地完善、更新和适应人才市场的变化。而企业背景教师从企业中来，极易发现问题，他们有能力编写对接企业的专业特色教材；二是原有的教学方法不利于培养学生的专业技能。许多专业教师囿于自己的专业技能，在专业教学上容易犯“纸上谈兵”的大忌，不利于培养学生的专业技能。而企业背景教师深知专业技能培养的重点，更能专注于教学改革，更容易接受行动导向的教学理念，从而倡导新的教学方法。

### 实施“12221”教学模式，编写对接企业教材

江帆老师潜心教改，倡导新的教学方法。在专业课教学中，他总结出一套“12221”自助式教学模式，用于专业课的“理论—实践一体化”教学，并通过上示范课等形式在校内其他专业和区内多所学校推广：2007 年 12 月他为广西工学院国家级中等职业学校专业骨干教师培训班学员上了《汽车电气设备》公开课；2008 年、2009 暑假他给柳州市中职汽车师资培训班学员上了公开课；2010 年 6 月他参加柳州市教

科所“送教下乡”活动，到鹿寨职教中心上了一次示范课。

近年来，江帆老师参加了多本国家级中职汽车专业教材的编写工作，教材内容对接企业岗位能力教材。现已公开出版的国家级规划教材有：《汽车电气设备检测与维修》（主编）《轿车车身构造与维修》（第二主编）《汽车维修标准与规范》（副主编）《汽车发动机构造与维修》（参编）《汽车钣金》（参编）《汽车钣金与美容》（参编）等。

江帆老师主持或参加过《〈汽车电气设备〉课程教改实践》《汽车维修专业实施行动导向教学法实践》等多个课题的研究工作，并获得区级教改成果二等奖；执笔编写了《广西中职校汽车运用与维修专业指导性教学方案》，该方案获区级教改成果二等奖。

和江帆老师一样的企业背景教师积极投身于教育教学改革，是教育教学改革的主力军，是编写对接企业教材的倡导者和实践者。这些企业背景教师与企业接地气的教科研改革与实践，极大地推动了职业教育的发展。企业背景教师在潜心编写对接企业的特色教材建设中，使自己教科研水平得到了提高。

## （三）出谋献策，勇当专业建设的领跑者

专业是职业教育服务于经济与社会的切入点，是沟通经济与社会的桥梁；专业建设是职业教育教学内涵建设的核心，是提高人才培养质量的关键。有活力、有魅力、有潜力并且对社会有较大贡献的专业建设，需要一个好的专业带头人。企业背景教师密切关注企业用人标准和行业发展趋势，对专业建设有自己的独到见解和远见卓识。他们最成功的蜕变之一，就是为专业建设出谋献策，促进了专业的发展，从而成了专业建设的带头人。

### 勇当建筑工程施工专业建设的领跑者

黄天明老师在职业教育领域工作23年，主要从事建设建筑行业教学、教学管理及教研教改工作。现任广西理工职业技术学校建筑与艺术设计系主任，担任广西中等职业教育能源土木类专业教学指导委员会委员、广西建设教育协会理事等社会学术团体职务，是学校广西示范性专

业“建筑工程施工”的专业带头人。

黄天明老师率先垂范做好国家示范校建设工作，成效显著。作为该校国家示范校重点建设专业（建筑工程施工）一级项目负责人和专业带头人，他带领专业建设团队，全力以赴投入国家示范校专业建设当中。在建设过程中，开拓创新，勇于实践，在校企合作共建人才培养模式与课程改革、教学模式手段方法、实训基地建设等方面取得了良好成效。

黄天明老师提出和构建了建筑工程施工专业“双线并行、寓学于工”人才培养模式，创新教育内容，以学生社会能力、岗位职业能力作为人才培养的方向与目标，以人才培养对接用人需求、专业对接产业、课程对接岗位、教材对接技能为导向，基于学生专业学习认知特点和技术技能形成的过程及特点，建立了由公共基础模块、专业基础模块、专业核心模块和扩展模块4大模块组成基于工作过程的新课程体系。

黄天明老师创新地提出“教学工地”职教理念，并在校内建设基于“教学工地”教学模式的实训基地——昌桂源教学工地。旨在把课堂教学搬到“教学工地”，实现“做、学、教”一体化教学。并以此带动专业课程体系改革、双师型师资队伍建设、教学方法改进、校本教材创新等一系列创新改革。对促进人才培养模式建立、专业建设、课程体系改革和提高教学效果及毕业生质量起到了有力的推动作用。

黄天明老师创建了“学校、出版社、企业、行业协会”等多方合作的教材建设机制。校企共同编写出版了《建筑工程测量》等5本专业核心课程教材和《建筑材料与检测》等3本特色教材。他作为专业带头人率专业团队参加由中国地质大学出版社牵头、全国32所建筑类职业院校共同组成的“建筑工程教学研究会”，参与建筑工程施工专业“项目教学法”系列教材的编写。他通过共享优质课程教材，促进了出版社、学校、企业、行业协会等多方参与的教材建设机制的形成。

长期以来，作为专业带头人，黄天明老师致力于中职教育的教研教改工作。2013年，黄老师率团队参加国家示范性职业学校数字化资源共建共享计划科研课题第一批项目研究工作，完成《地基与基础工程》

精品课程子课题的研究任务，形成了建筑工程施工专业国家数字化，共建共享8门精品课程全国性的专业教学资源库网络教学共享平台。作为教材编委会委员，他参与了中国地质大学出版社联合全国32所建筑类职业院校共同开发的建筑工程施工专业“项目教学法”系列教材的编写，并担任《建筑工程测量》一书主编。作为课题项目主持人，他有多篇论文在省部级以上公开发行的刊物上发表；作为主要参与者，他参加了广西教育科学“十二五”规划2012年度广西中等职业教育质量提升项目专项课题“以职业岗位能力培养为核心，搭建建筑工程专业建设与就业融合人才培养平台的实践研究”的研究工作，并顺利通过了开题和中期检查。另外，他与胡小玲老师合作的课题“室内一点透视表现技法及应用”获得了2012年全国中等职业学校信息化（中职组）教学大赛广西选拔赛一等奖，并代表广西壮族自治区参加了全国大赛获得三等奖。

据我们调查和了解，广西中职名师培养工程的100名培养对象中，超过10%的教师具有2年以上的企业工作经历，他们多年前就都获得了高级讲师职称，并多次荣获学校、自治区乃至全国各级荣誉称号。如今，他们都已成为各自专业领域的学校专业（学科）带头人。例如，柳州市第一职业技术学校许平老师被认定为学校汽车工程专业部学科带头人；江帆老师被认定为柳州市汽车运用与维修专业学科带头人；广西理工职业技术学校的黄天明老师被认定为学校建筑工程施工专业带头人；广西纺织工业学校的刘仁礼老师、刘梅老师、汪薇老师分别被认定为学校染整技术专业、针织技术专业、服装设计与工艺专业的带头人；广西机电工业学校的林秀朋老师被认定为学校模具数控专业带头人；南宁市第一职业技术学校黄煜老师被认定为学校电子商务专业带头人；南宁市第四职业技术学校的李文雄老师和玉林市机电工程学校陈新老师被认定为学校汽车运用与维修专业带头人；桂林市卫生学校文旭东老师被认定为学校护理专业学科带头人。

### （四）专业建设紧跟行业发展需求，技术服务回馈区域经济

科技不断进步，行业不断向前发展，专业建设必须紧跟行业发展需

求。企业背景教师熟悉行业整体情况，了解行业企业发展趋势，因此在建设中的课程开发、课程标准、教材开发、教学实施方案、人才培养方案及校内实训基地建设，均能紧跟行业发展需求。与此同时，企业背景教师利用在企业积累的丰富的实践经验和深厚的专业理论知识，可以为区域企业提供技术服务、职工培训，这也是企业背景教师具有的一大优势。

**专业建设和教材开发紧盯行业发展需求，技术服务回馈区域经济**

广西纺织工业学校的染整技术专业在广西壮族自治区是独一无二的。作为曾工作于印染企业 13 年、具有丰富实践经验的“双师型”教师，刘仁礼老师进入学校任教后就积极配合科室（系部）及学校领导，参与对接岗位的课程开发、课程标准、教学实施方案和人才培养方案的制定或修订。刘仁礼老师在染整实训基地建设过程中，切合印染企业实际，负责数码印制设备、电脑测配色系统、自动滴液系统、振荡式打样机、红外线高温染样机、各种类型中样染色设备及整理设备的选型、布局、调试工作。建成后的实训基地既可在具有印染企业的真实或仿真环境中开展实训教学，又能同时具备可进行理实一体化教学的多媒体教室功能，大大增强了实训基地的实践教学功能，为培养学生的专业技能提供了良好的学习环境。

刘仁礼老师在专业教学中感觉中职学校所用的教材仍为高职院校教材很不合理，于是历时 3 年，编写了全国中职教育染整技术专业规划教材《纤维素纤维制品染整》。教材中编入大量来自企业的操作技能，又增加了大量实用的专业拓展知识，这在全国中职染整技术专业教材中还是首创。

刘仁礼老师挂职于柳州市润澄针织有限公司时，被企业聘为兼职技术副厂长。他利用假期下车间，与技术人员一道解决生产中遇到的难题。他经常与生产管理人员、技术人员召开质量分析会，分析质量问题产生的原因，并提出预防措施。他还利用自己具有的丰富的生产实践经验，对企业员工进行了车间管理、生产技术方面的培训。他为区域经济服务不遗余力，深受企业的欢迎，得到了企业的充分肯定。柳州市润澄针织有限公司向刘仁礼老师发出了每月至少到企业进行一次员工培训和技术服务的热情邀请。

像许平、陈新、黄天明等老师一样，许多具有企业背景的专业带头人利用自身在企业长期工作积累的丰富的实践经验以及对企业的发展趋势的洞察，精确地把握企业文化的精髓。因此在专业建设上，立足于企业实际需求，加强校企合作，共同制定人才培养方案和建设校内外实训基地，编写对接企业岗位能力的理实一体化专业教材，开展行动导向教学，引领专业向前发展。

他们来自企业，深知企业的技术不断进步，工艺不断发展，设备不断更新，新材料不断出现，职业教育如果脱离了企业，就会像“无源之水”“无本之木”。一方面，他们经常下企业，既能更新自己的专业知识，也能传授自己的生产经验，并与企业进行产学研合作，加强了与企业的沟通和交流，保持良好的关系，在职业院校与企业之间架起了双向畅通的立交桥；另一方面，他们坚持深入企业挂职锻炼，同时又把企业人士请入学校、请入课堂，经常请企业提出对人才培养、教学标准和教学内容的意见和建议，使专业建设紧扣社会需求，专业教学内容贴近社会工作现实。他们之所以在专业建设中游刃有余，是因为他们与企业之间有密切的联系，因而他们能紧跟职业教育发展的脉搏，顺应职业教育发展大势，为推动广西中职教育的改革与发展贡献了自己的力量。

## 三、蜕变求新——做教研教改的急先锋

中国科学院院士钱伟长曾说过：“教学没有科研做底蕴，就是一种没有观点的教育、没有灵魂的教育。”

教师每天都在反思，也经常会用教育叙事、教育案例、教育日记、教学札记、教育论文、教育随笔等形式记录自己在教育实践中的点滴思考，但往往比较零散、随意、凌乱，而课题就为这些研究提供了一段时间内相对集中的主题，有了贯穿的线索，就使这些研究主题集中、方向明确、目标清晰。

总之，一线教师课题研究活动，实际上是要求在更高的层次上展开教学活动，即强化从日常教学中蕴含的科研成分着手，以科研的思路去重新审视教学过程，发现问题、思考问题，形成解决问题的策略，并通过教学实践使其得到验证与完善，从而使教育教学工作逐步向最优化方向发展，同时也使自身的素质水平得到提升与飞跃。

## （一）步入教改之门，摘取教学成果

苏霍姆林斯基说过，“如果你想让教育工作给教师带来乐趣，使每天上课不致成为一种枯燥而单调的义务和程序，那你就要引导每一个教师走上从事科学的教育研究这条路上来。”

1. 在教育实践中研究，加速自身专业化发展

很多具有企业经历的教师，进入中职学校从事职业教育工作后，在教学上能很快得心应手，但对职业教育科研却相当陌生，大多数缺乏深厚的教育教学理论基础，也没有经过系统的教育科研培训，因此他们在从教的初期科研能力普遍不强，更缺少主动开展教学改革和研究的意识，普遍认为教育科研非常神秘、非常深奥、高不可攀，只有那些专门从事教育研究的专家才能驾驭。实际上，教学实践的改革研究，就发生在他们身边，就是一些不自觉的行动：发现问题，思考问题，解决教育教学中遇到的实际问题，哪怕是很小的问题，都能成为教育科研的起点，是转型教师拾级而上的第一步。

**其实，教改就在我身边**

广西纺织工业学校的汪薇老师，到学校任教后担任《服装结构与工艺》课程的教学，当时这门课程的理论课与实践课是分开上的，任教的老师也是不同的，由一名老师上制作工艺实操，另一名老师上服装结构设计，当时在很多中职学校也是采用这种授课方式。汪薇老师在上制作工艺实操时，很快发现了问题，理论和实践脱节严重，往往是工艺课已经开始制作上衣，而理论课还停留在裙子的设计上，学生所学与所做完全不同步。汪薇老师当时萌生出一个想法：为什么不能将两门课合二为一？为什么不能由同一个老师来同时上理论与实践课？这对于在企业从

事多年版样设计制作的她来说，并不是件难事。但要打破长期以来理实“分家”的教学模式，谈何容易，对老师来说更是一个挑战！幸运的是，汪老师的想法很快得到了领导的支持，当年便在服装专业班级进行服装结构与工艺课程的整合，老师既上理论课，又上操作课，学生边学边做，学生学习的兴趣大大提高！期末调研问卷表中，绝大部分学生对授课方式表示满意，服装制作质量也有了很大改善！从汪老师任教第二年开始，服装结构工艺不再“分家”，这在广西中职服装专业也是一个尝试。回顾教改经历，汪薇老师坦言：“当年从企业来校任教，根本不知道教改是什么，怎么改？只是教学过程的一个不自觉的建议和小尝试，没想到从此开辟了理实一体化教学模式的探索之路，其实，教改就在我们身边。”

考察任何一位优秀教师、名师乃至教育家的成长历程，我们都能发现，研究在其教育实践和教育生涯中有着不可或缺的地位和作用。教师专业知识的拓展、专业能力的提高都离不开研究。

教育科研能提升教师的职业敏感性、反思意识、方法意识和合作精神，促使教师及时发现教育教学工作中的问题，针对问题积极探索研究，主动吸收教育科学理论和同行经验，不断地改进自己的教育教学工作，从而提高教育质量、形成独立的教育教学风格。

### 做科研型的教师

文旭东老师是在医院从事十多年临床护理和护理管理工作之后进入桂林市卫生学校从事护理学教学工作的，她看到身边的老教师们虽然都已获得中职学校教师的最高职称——高级讲师资格，但他们仍不愿就此在自己的教育旅途画上句号。他们在教学中积极主持或参与课题、项目的科学研究，不断探索，在教育教学中发现问题、解决问题。正是在这样的氛围中，作为一名中青年教师的文旭东深深地受到了感染。著名教育学家李镇西的著作《做最好的老师》，也让她收获颇多。李镇西在书中谈道：“既然只能当老师，那么悲悲戚戚是当，高高兴兴也是当，我当然选择后者！怎样才能高高兴兴呢？……那就是拥有‘科研’的眼光。我把在教育上遇到的每一个难题，都当作科研课题来对待……每天都有新的发现，每天都有新的领悟，每天都有新的收获，因此每天都有新的快乐。”正是基于对事业的执着、对生活意义的探寻、对职业价值的追求，文旭东老师誓言要做科研型教师，因此无论在教学改革还是课题研究上她都永不止步。正是教学改革和教育科研，使文旭东老师觉得教学工作变得不再繁杂、枯燥，而是充满了意义和价值。

文旭东老师于2009年主持开展了广西中等职业教育教学改革立项一类项目“中职护生在实训课程中职业行为规范自主管理的研究”。通过研究，撰写了校本教材《中职护生在实训课程中职业行为规范细则》，建立和完善了护生在实训课中职业行为规范的自主管理机制，转变了护生传统的被动接受职业行为规范教育训练、考核评价模式，拓展了中职护生主动学习、自觉训练、早期适应、自觉养成和领悟创新的能力，有力地推动了中职护生职业行为规范与德育教学工作的开展，让学生自觉养成并遵循护士行为规范，达到就业要求的考核评价能级水平。

文旭东老师勇于改革，大胆创新，使教学与临床更贴近，如利用在临床工作中遇到的典型病例，采用案例教学法；应用护理查房模式教学，让学生熟悉临床的重要护理活动；应用PDG教学法教学，教学效果优良。

2. 在教育实践中研究，更新教育理念

教育随着社会的发展而发展，教育理念也与时俱进地不断更新。不同时期有不同的教育要求，当然也就有不同的教育理念。教育理念影响着教师的知觉判断和课堂行为，直接对教育效果产生影响。先进的教育理念是现代教育必备的要素之一，是成就名师的基础。

教育科研是教师通过运用科学的理论和方法对教育教学问题进行研究的过程。在探索与研究的过程中，教师必须大量查阅有关文献、专业资料，这本身就是一个学习、吸收、借鉴的过程，也是教师自我完善、成长的过程，教师从中既可以加强和巩固自己的专业文化知识，又能够学到更多新的教育理论，开阔自己的眼界。可见，教育科研过程可以促进教师对现代教育理论的学习与研究，促进其形成新的发展观、人才观、教学观和质量观，从而不断更新教育理念。

## 源于“导游”的启示

谈到课堂教学改革实践，曾在针织企业从事技术管理工作的广西纺织工业学校刘梅老师深有感触。她无意中在一篇文章中看到一个调查结果，大部分喜欢旅游的人都不喜欢导游。试想，在你的旅途中有一个导游，他让你往东走，你就得往东走，你的行程将受到他的制约，甚至可以说你失去了旅游的自主性。所以有人开玩笑说：“导游”就是你跟在他的后面游。每次带着孩子去旅游，大人饶有兴致地听着导游讲解，而小孩早就跑到池边给小鱼喂食了！由此再联想到平时对教学中的“导”是否也是这样的一种理解呢？学生正处于身心发育时期，与生俱来有着一种逆反的心理。希望尝试，希望创新，希望走出自己的路！而现在的教育教学却要想方设法地把学生的思维导入我们事先预设的轨道，学生甘心吗？这就促使刘梅老师进行思考，在教学中教师与学生的角色定位，如何体现学生的主体地位？如何发挥教师的主导作用？由此，她在所任课班级进行教改尝试，打破传统授课方式，采用班级小组工作法，将班上学生分成几个小组，项目作业由小组共同完成，以小组为考核单位，实行组长负责制和组长轮换制。实训课堂上鼓励学生来扮演老师，老师扮演学生，听学生讲解看学生操作，这样不仅活跃了课堂气氛，提高了学习效率，而且真正锻炼了学生的实操和沟通表达能力。

近年来，职业教师一直在摸索提高学生职业素质、创新能力和学习热情的实训教学模式，并进行了“塑造个性培养”实训课堂的各种大胆尝试。通过对实训课程教学目标、模块教学体系、教学组织形式、考核方式进行“以学生为主体、以能力为本位”的教育思想改革尝试，老师们越来越强烈地感觉到只有真正让学生成为课堂的主人，实训课才能上得有声有色；只有把“以能力为本位”的教育理念贯穿于整个实训教学之中，才能最终实现素质教育、职业教育的目标。

在课题研究中，企业背景教师会对教育思想和教育实践进行审视、反思和辨析，并经过自己潜心的理论钻研、探索和实践形成自己的教育理念。教育思想和教育理想一旦上升为教育信念，就会使教师摆脱“教书匠”的困惑，使平凡的工作变得富有价值。

3. 专家引路，同伴互助，理论提升

所有具有企业背景的教师都有这样的一个感受：走近课题研究，才发现做研究型教师并不简单。对于这条路要走向哪个方向，这条路究竟怎么走，在开始时有点手足无措。这个时候，就需要专家引路，对课题研究有关方面进行指导，包括确立课题、课题的题目、课题论证、课题的申报和立项、课题的研究等，只有这样才能对课题研究有深入和透彻的理解。

教师成长同样需要“同伴互助”，课题研究更需要一个团队来共同完成，光靠一个人的力量远远不够。团队合作研讨可以充分发挥个人的优势和个性，开拓思路、迁移滚动，在互相观摩、彼此倾听的过程中，思维得到共鸣，思路得到拓宽。

教师开展课题研究，首先要寻找课题研究的理论依据，进行理论奠基，没有理论支撑的实践是盲目的实践；在课题研究的过程中，教师要自始至终以先进的教育理论来指导自己的研究活动和实践活动，并通过研究和实践，或是验证，或是补充完善，或是丰富、发展他人的理论。当研究活动结束后，教师要对课题的研究进行认真总结。在深入思考的基础上，对自己的做法、感悟进行理论上的提升。因此，课题研究的全过程，就是教师学习理论、运用理论、提升理论的过程。

**订单式教学的实践与探索**

2000 年，广西纺织工业学校设立新专业——针织工艺专业。刘梅、严珍老师作为学校从企业引进的第一批针织专业教师，开始了从企业技术人员转为学校教师的教学生涯。当时的教研室主任朱芳老师具有非常丰富的教科研经验，在她的指导和帮助下，刘梅老师很快投入课题研究工作中，参与了朱芳老师主持的教育厅一级立项课题——《订单式教学的实践与探索》，并接受了教育厅组织的相关课题研究的培训，对如何开展课题研究有了初步的认识。随后，刘梅与其他三位企业引进的专业教师，赴苏州参加由景盟公司安排的为期三个月的订单课程培训，并与景盟公司一起，选编适合企业岗位的订单班校本教材，探讨制订冠名班教学方案及确定冠名班教学模式。

从第一届冠名班“景盟班”成立开始，刘梅和严珍作为项目的主要成员，承担了景盟冠名班大部分课程的教学工作，根据景盟订单人才培养方案，以工艺、编程和跟单作为目标岗位，有针对性地开展教学和考核，并根据企业发展趋势和产品更新换代与技术改造情况，不断调整和更新教学内容，改进教学方法。由于订单教学围绕景盟公司相应岗位技能需求开展，突出实用性和实效性，让学生在真实的工作学习氛围中感受企业文化并接纳企业文化，毕业后到企业能迅速适应环境、胜任岗位工作。因此，景盟公司每年都会在学校成立景盟冠名班，“景盟模式”也成为广西中职学校首个远距离、跨地域校企合作的典范模式。广西教育厅领导也对景盟订单办学的成功实施给予了高度的评价。同时，项目“订单式教学的实践与探索”也获得了第四届广西中职教改成果一等奖。也就是在课题研究实践的几年中，教师们得到了历练和成长，教学理论水平得以提升，在转入学校任教后第六年，刘梅教师获得了高级讲师资格。

在课题实践中，兼具企业背景的教师们遇到了许多问题，因而不得不广泛阅读，并互相探讨、互相推荐参考书目，从最初的只重视教学技能转变为重视自身文化素养的提高，从重视教学知识点的传授转变为重视学生人格的发展，教育视野得到了开阔，教学方式得到了改变。他们通过经常反思自己的教育、教学行为，从教学目的、教学主体和教学工具等方面，从教学的前、中、后获得体验，使感性认识上升为理性认识，使自己不断成熟起来，为自身的专业成长插上有力的翅膀。

作为企业引进的教师，在从技术员到专业教师的转型中，教学能力的提高是关键。而参与教学课题研究实践，无疑给具有企业背景教师的顺利转型，搭建了一个平台。通过课题研究的平台，促使教师学习理论，更新观念，以科研带教研，用教研促教改，并在研究与实践中养成一种用新的教育理念去审视自己的日常工作的习惯，改变个人的职业处境，获取一种教学智慧，在行动中提升自己的水平。

### （二）尝试主持课题，创新教学思维

具有企业背景的职教教师，凭着一股“一点穷追”的教育科研精

神，找准教科研的“点”，从日常平凡的教学工作入手、从教学工作中最需要解决的困惑入手，展开深入的研究。围绕一个问题，坚持不懈、持之以恒地“穷追”下去，将课题研究做到极致。他们往往从被动地参加课题研究，不知不觉地变成了有意识且自觉地参与教育研究，主动积极地探索中等职业教育规律。

1. 主动探索教育规律，主持研究教改课题

出于课题研究的需求，教师们会抽时间阅读大量与教育、教学相关的书籍，学习他人先进的教育、教学理论，从而不断更新及逐步形成自己的教育、教学理念。这种主动的、建立在理解基础上的理论学习，必然会促使教师在学术素养上得到提高。在这个过程中，也会养成积累资料的习惯，其他如论文写作、课题报告的撰写也有利于学术素养的提高。

**初次体验教改课题研究全过程**

进入中职学校担任专业教师后，刘仁礼老师就一直负责染整专业学生的顶岗实习指导工作。在实习指导中，针对中职学生顶岗实习中出现的种种问题，以《染整专业学生顶岗实习中存在的问题及其应对措施》为课题同时申报了学校级和区级教育教学改革立项项目。刘仁礼老师第一次主持课题研究，只获得自治区级的三级立项，但已经感到很满足了。初次主持教改立项项目，既激动又有压力。对于研究工作他刚开始完全没有头绪，等到理清思路后，才从分析顶岗实习中存在的种种问题入手，归类分析原因，从而提出采取相应的预防措施。他首先对教学内容、教学方法、实训方式等方面进行了改革和实践，同时注重学生职业道德、职业意识、吃苦耐劳精神的培养，有针对性地加强对实习及就业的指导，并加强与企业的合作。为此，刘仁礼老师多次到印染企业调研和实地指导学生的顶岗实习工作。在研究过程中，由于经验不足，实施效果仍未能完全达到预期效果，这是结题时留下的遗憾。在填写申报成果表时，更分不清哪些是成果，哪些是研究过程，如何提炼成果……经过一番努力，虽然只获得了校级教改成果三等奖，但总算是得到了一点鼓励和安慰。尽管如此，他首次体验了作为教改课题主持人历经课题研

究的全过程，其收获远远超过了获奖本身。

## 事虽难，做必成

谈到教学改革，广西纺织工业学校的汪薇老师也深有感触。刚进校时她认为只要把专业教学做好就行了，把课上好就行了，为什么要搞科研课题？搞课题有什么用？搞科研课题需要大量的时间，老师平时的工作那么繁忙，哪有时间来搞科研？虽然从教后她也参与了多个自治区级一级教改立项课题并顺利结题，有两个还获得了优秀成果奖，但一直没有独立主持过课题。通过多个区级课题的参与，她从校内外有经验的主持人那里学到了不少科研的方法。2010 年在接受广西中职名师培养对象理论培训之后，她开始逐步转变了“中职教师没有必要也不需要去搞科研课题”这一观念，也越发意识到一名中职教师搞科研的重要性，独立主持教改课题的想法越发强烈。

2011 年 4 月，广西中等职业教育教学改革项目立项申请通知下发，她计划申报主持《中职服装专业数字化仿真实践教学平台的构建》这一课题。“数字化仿真教学”是大部分职业教育工作者之前很少能接触到的一个教学研究领域，在全国都有一定的创新性和引领性。2011 年 5 月，她来到了常熟理工学院参加了广西中职名师第二阶段的专业素养培训。在常熟理工学院 20 天的培训中，汪薇老师多次向苏州大学服装专业的刘国联教授请教关于数字化仿真教学领域的相关问题，同时也查阅了国内外大量的相关资料，还利用到工厂企业调研的机会，寻找课题研究的突破口。经过反反复复的修改，第一次申报主持的课题终于获得了区教改一级立项！这个课题的申报成功对汪薇老师来说是个严峻的挑战，她面临的是一个全新的技术研究领域！她表示：路虽远，行将至；事虽难，做必成。一名出色的中职教师一方面要在日常的教育教学实践中不断发现问题，一方面更要善于将实践经验上升为有一定理论或实践价值的教育科研成果。边教学、边研究、边总结，不仅有利于提高教育教学质量，而且也有助于教师自身素质的提高，使之逐渐由经验型转向研究型乃至成长为专家型教师。如果没有科研意识，则会缺乏发现和创新能力，只能做一个“教书匠”。

从企业引进的教师，第一次全面主持教改课题，都会有这样的感受：教改研究跟工厂的产品开发是完全不同的：对象不同、研究方式不同、选题思路不同、成果体现方式不同，还要按照课题立项管理办法进行科学、规范管理，要做好完成课题研究的开题报告、研究过程、中期项目检查、结题报告、结题材料等一系列立项课题研究步骤，可谓是一个系统工程，需要全盘考虑、统筹规划。

从汪薇老师的教育科研历程中可以看出，随着参与课题研究的不断深入，她积累了一定经验，尤其她在有了理论的提升后表现出了强烈的自觉性和主动性，更重要的是她对自己的研究工作进行了规划，使自己的研究摆脱了零散的、突击式的、临时性的状态，使自己的研究成为与教师专业发展和教育教学能力提升相伴随、相融合的，有延续性的、系统的、有序的过程。

2. 将课题研究深植于教学之中，有效提高教师的创新思维能力

思维的发展是需要诱因与外部刺激的。教学思维具有个性特征，而教学思维指导着教学行为，不同的教学思维就促成了不同的教学方式。讲授相同的教学内容，不同的老师有不同的教学方法，不同的教学方法会产生不同的教学效果。将课题研究根植于教学之中，促使教师去发现问题、思考问题，反思自己的教学活动，寻找解决问题的方法，这一过程能刺激教师的大脑，激活教师的思维。研究探索越多，研究者的思维就会越敏捷，思路就会越清晰，认识也就越深刻。同时，也会引发他们对自身平日的教育教学活动进行反思，从中获取更多的感悟，由此产生新的教学思维。

### 以实训基地为载体的专业教学模式的探索

2007 年，广西纺织工业学校针织工艺专业获得了自治区职教攻坚专项的经费扶持，用于建设示范性校内实训基地。这对于当时已成功实施校企合作景盟模式、学生人数逐年增加的针织专业来说，无疑是如虎添翼。时任针织教研组长的刘梅老师，承担了实训基地的建设任务，这个任务也引发了她的思考：何不以此为契机，探索一条适合本专业的实训教学模式？想法一出，她当年即作为主持人，带头申报了《以实训基

地为载体，构建以学生为主体、能力为本位的专业教学模式》项目并获得了自治区教育厅的一级立项，其中项目组成员就有四名企业引进的教师，还包括教务科和教研室负责人。刘梅老师带领项目团队在对现行中职学校专业课教学模式、中职实训教学方式进行调查与分析的基础上，以针织专业实训基地为载体，以针织专业学生为实施对象，以现场教学为切入点，以建立科学合理的实训结构体系为主要研究重点；在职业技能教学过程中，从教学目标的设计、实训体系框架确立、一体化实训项目整合、教学时间安排、组织形式、教学方法、考核方式等方面进行了研究、探索和实践。项目历时三年，建成自治区“示范性实训基地”，构建了以能力为本一体化实训教学模式并应用于针织专业，并通过公开课、示范教案等形式推动了“一体化实训教学模式”在全校范围内实施，并获得广西中职优秀教学改革成果二等奖。

从刘梅老师的案例中可以发现，如果说站在巨人的肩膀上学习和参与优秀团队工作奠定了教师从事教研工作的良好基础，那么发现问题、主动研究解决问题则是跳出别人的框架，走向独立开展工作的重要一步。在很长一段时间里，传统观点都认为实训教学处于从属地位，实训中心的实训内容、环境布置、空间划分、设备配置完全基于“教学需要”的出发点。实训教学的开展主要是根据实训教学大纲的要求，开展各个技能的训练与学习，缺乏足够的灵活性和应变性。这就导致当企业环境发生变化时，实训教学内容与企业需求不能实现有效对接，教学环境与真实的职业情境产生差距，毕业生进入企业后还需要进行上岗培训，这给企业和学生均带来了不利的影响。当时刘梅老师的专业团队在进行实训教学模式设计时，几位企业引进的教师一致认为，应该打破教室与实训室界线，把实训室建设成理实一体化教室，打破原有的学科教学体系，把“以教为主”的教学过程变为“以学为主”的学习过程；并在实训教学内容、选用教材、教学方法、教学体系等方面进行创新，实践教学采取项目训练、课程实习、产品设计、企业实训、参观、轮岗等方式。

在探索教学过程“因学施教”“以教导学”方面，刘梅老师与她的项目团队在就从“以教师为中心的被动接受式”转变为“以学生为中心的主动参与式”方面，进行了多次研讨并尝试引进项目分组工作法进入课堂教学。各培训项目均由小组共同完成，以此来培养学生团队合作能力、创造能力。根据教学内容采用实践教学法、一体化教学法、任务驱动案例教学、情景模拟法、角色扮演、课外拓展、学生主讲、学生实践分组练习、竞赛与评分等多种教学方法。大大提高了实训课堂教学实效，提高了学生的课堂参与度；学生的主体地位得到体现，激发了学生的学习兴趣，调动了学生学习的积极性和主动性。

3. 善于思考，努力探索新方法、新手段

作为专业教师要努力培养独立思考的能力，在工作中敢于、勇于尝试新方法、新手段，不断锻炼和提高自身的创造能力和创新精神；在工作中要勤思考，多做一些假设，多一些联想，再多一些憧憬和想象，以学生视角和思维做充分准备，创设良好的环境；尝试新颖、与众不同、富有个性的教育方法和教育手段；努力开拓，勇于实践，逐步培养自己的创造能力和创新精神。

## 以学生为主体的探究性学习模式

如何做一名受学生欢迎的老师，是刘梅老师从企业进入学校后一直苦苦思考的问题，并在自己的课堂中努力尝试了各种施教方法。比如在课堂组织形式方面，在课堂教学过程中她不再采取过去单一的固定座位模式，而是根据课程内容的不同而变换队形。在教学过程中，将全班统一的学习活动转变为学生个体的读读、圈圈、做做，同桌议论，小组讨论，全班交流，甚至走出课堂。如她在讲授《景盟业务》“尺寸丈量”这一章节时，将学生围成方块；在讲授“成衣点评”时，将座位变化为“圆桌形”或“马蹄形”；或走出课堂，将授课安排在实训室进行，在讲授《缝合标准》这一节时，邀请缝合老师一起在实训车间进行缝合现场示范，解答同学们的疑问；有时以各组为单位建立各自的演示台，通过各组之间相互观摩、测评，引导学生拓宽思维，广开言路。在探索探究性学习模式方面，建立“互助互学”的教学关系，在实训课堂上鼓励学生来扮演老师，老师扮演学生，听学生讲解、看学生操作。

将班上学生分成几个小组，专业基础课程集中授课，项目作业由小组共同完成；以小组为考核单位，实行组长负责制和组长轮换制。对于一些实践性较强的课程，可分项目分小组同时交叉进行，如《织片》《组织分析》和《编程》等课程同时分组进行，这样可以充分利用各类实训设备，有效解决设施不足、学生待机台的供需矛盾；还可以解决同时指导的老师少，学生动手实践时间长的问题，增大了训练密度，提高了教与学的成效，较好地实现了精讲精练。

## （三）反思升华提炼，获取教学智慧

随着课题的不断深入展开，企业背景教师会不知不觉地踏上“学习—实践—反思”循环往复、螺旋上升的研究之路。一路上不断生成属于自己的教育智慧，从零散的经验碎片中凝练出教育的琼玉，使理性之光照耀平淡、重复的日常教育经验。

1. 严谨反思，由“经验型”向“科研型”转化

任何经验的消化和吸收都是一个渐进的过程，无论是在实践中探究的直接经验还是在交流学习中获取的间接经验都需要一个收获后反思、反思中提升的过程，没有经过反思得到的结论往往是不全面、不完善的；没有经过反思得到的结果往往是无法推广和借鉴的，教学反思是教师进步的阶梯，是教师进步的重要途径。通过教学反思能够逐渐提高教师的教学监控能力，提高教师的专业素质和综合能力。常进行教学反思有助于教师逐步培养和发展自己对教学实践的判断、思考和分析能力，从而为进一步深化自己的实践性知识，直至形成比较系统的教育教学理论提供了有效的途径。换言之，进行教学反思有助于教师立足于教学实践，深入地钻研、体会教学理论，从而不断提高自身专业素质和能力。只有通过反思，教师才会不断地剖析自己在课堂教学中的优缺点，合理地对待某一个教学问题、某一教学环节中学生的质疑。在反思中，已有的经验得以积累，会成为下一步教学的能力。经过日积月累，这种驾驭课堂的教学能力会日益形成。所以只有通过教学反思，教师的有效经验才能上升到一定的理论高度，才会对后续的教学行为产生积极的影响。

## 在研究状态下教书育人

南宁市第四职业技术学校的李文雄老师是学校汽车教研组组长，长期从事《汽车构造与维修》《汽车电控发动机检测与维修》《城市轨道工程》等课程的教学实践与研究，积累了丰富的教学经验。2011 年 10 月中旬在广西师范大学学习了德国教育专家先进的教学模式，如头脑风暴法、工作过程教学法、教学微观法之后，李文雄老师深深感觉到，在课堂上要有时代鲜活的春水，要有前卫的课程意识，他反思自己教授的《汽车电控发动机检测与维修》《汽车发动机构造与维修》课程，总结出在课堂教学时首先要教学生一定的发动机构造及相关检测理论知识，更重要的是让学生明白为什么要这样做，这样的学习会对他们将来就业后提升自己起到重要作用。李文雄老师认为每天上课，对着汽车发动机、底盘、电器设备这些机械类的东西，要想使学习不再是一种单调的任务，那就应该走上教学研究。这种研究是一种基于课堂教学实践的行动研究，是在成功的经验中凝结生长点，在现实问题中探寻突破点，在教育理论中寻觅支撑点，在教育发展趋势中捕捉拓展点，这是教师专业成长的重要方式。

经常反思的教师，会将教育教学中的闪光点、教学方法上的改革与创新等，详细地记录下来，经过反思，在此基础上不断改进、完善和升华，推陈出新。有些教师则从另外一个角度进行反思；如：对在教育教学实践中遇到的困惑、失败的原因或不足之处进行反思；对存在的问题进行系统的回顾、梳理，并对其做深刻的探究和剖析，使教育教学中的不足之处得到及时的改正与完善，并使存在的问题得到妥善解决。在与很多企业背景教师的探讨中，大部分教师都表示经常在下课后进行反思，写教学后记。这样坚持了几年的确感觉自己的教育教学水平、业务能力提高了不少。“反思”贵在坚持，需要有毅力、有恒心，只有不断地实践、反思和研究，教育科研才能与时俱进。

2. 提炼升华，由“实践型”向“智慧型”转化

教师的研究可以从最小的课堂反思、教育教学案例做起，把自己在课堂、教育教学中成功的、失败的点点滴滴累积起来，形成经验教训。

通过反思形成优秀的课堂设计、教学案例、甚至可以撰写并发表学术论文、教育教学论文、编撰教材等。让“实践—反思—再实践—再反思”无限循环，教师在就可以不断反思中学会深思，在深思中学会学习和实践，在学习和实践中学会提升，在提升中变成名师。

教育科研能提升教师的教学智慧，教育科研是教师专业成长的舞台，能为教师的专业成长提供展示自我、实现生命价值和理想追求的无限空间。教育科研是以教育教学实践为基础的，教师在参与教育科研的过程中，不仅能积累教学经验，而且能成为教育智慧的真正创造者。教育科研能提高教师运用教育理论分析问题和解决问题的能力，切实转变自身的教育教学观念，科学、规范地推进教育教学实践，使自己逐步从实践型教师转化为智慧型教师，实现教育历程的根本性蜕变，并最终成为一位名师。

**柳州市“优秀导师”——许平**

许平老师作为一名有10年企业工作经历的教师，一开始觉得转行从事中等职业教育工作应该是很简单的一件事情，可实际情况并不像自己想象的那样。在当时中职学校教改立项研究还不普遍的情况下，他主动申报主持课题《汽车专业按模块实施一体化教学探讨》，并积极在所任课的班级开展一体化教学的研究实践，取得了良好成效并获2003年度广西职教优秀教学成果二等奖。此后，每年他都积极参与或主持教改课题，并结合自身教学具体情况，先后参与了《中等职校现代汽车技术教学课件的开发与应用研究》《汽车混合动力教学平台研发》《汽车专业实行行动导向教学法实践》《车身修复专业的建设》《中职汽车美容产教融合、工学一体“三维目标教学包”的开发与实践》《汽车发动机电控系统维修》品牌课程建设等项目的研究，自身理论水平也得到全面提高，连续三年评为学校“科研教改先进个人”，近年来公开出版教材六本，被列入柳州市“一级平台”培养对象，是唯一进入该“平台”的职业学校教师，并荣获柳州市“优秀导师”称号。

只有在不间断的研究实践中，教师的教学实践经验上升到一定的理论高度，才会对后续的教学行为产生积极的影响，并能使教师拥有一套能适应教学变化、富有个性特色的知识体系。这个知识体系的建构过程，就是教师素质提高的过程，也是积累教育智慧的过程，从而促使企业背景教师由实践型教师向智慧型教师转化。

**潜心研究，超越自我**

刘仁礼老师作为广西中职名师培养工程的百名名师培养对象之一，参加了“理论素养、专业素养、带课题企业研修”三个阶段的名师培训，对于中职教师的专业化发展有了更深刻的认识，科研的理论水平大大提高，研究方法也更丰富了。他深刻认识到中职教师想要专业化发展，必须主动、自觉、积极地参与教育研究，注重培养教师的研究意识和激发教师的研究兴趣，以教育科学理论为依据，以中等职业教育领域中发生的现象为对象，探索中等职业教育规律。在《以任务驱动培养岗位能力的中职染整专业教育教学改革》获得广西教育厅立项后，他组织项目组团队以主编全国规划教材、扩建实训基地、改革教学内容与教学方法为基点开展研究实践，积极参加全区首届中职教师“精彩一课”教学设计大赛和广西壮族自治区职业教育教学优秀论文比赛，均获得了一等奖，并于期刊上发表多篇论文。2012 年 10 月课题顺利结题，专家组成员的鉴定意见是“研究扎实有效，成果丰富多样”；2012 年该项目的研究成果获得了自治区中等职业教育教学改革成果二等奖。虽与一等奖失之交臂，但刘仁礼老师并不觉得遗憾，因为他觉得这样更能激励他努力提高教科研水平，坚持不懈地进行职业教育教学改革的研究和探索。刘仁礼老师趁热打铁，在前一个项目顺利结题并获成果奖的基础上，思考下一步的研究方向。他通过对民族扎染技艺在区内的分布情况进行充分调研，确定了弘扬民族印染技艺的重要意义，建立了《民族印染技艺》课程建设思路，于 2013 年申报《民族印染技艺品牌课程建设》项目并获得广西中职教育教学改革一级立项。

全国著名特级教师任勇说过：“名师要走‘学习—实践—研究’之路，名师要有终身学习的意识和不断提升自己的科研素养。而有志成为中职名师的企业背景教师，更应通过教育研究，增强科研意识，解决自身遇到的教育教学问题，创新职业教育教学新模式新方法，在实践中研究，在探索中升华，从而超越自我，成就自我。”

## 四、蜕变求远——技能比赛场外的指挥家

“普通教育有高考，职业教育有技能大赛”，这是教育部对新时期职业教育内涵建设提出的要求。全国职业院校技能大赛已成为我国职业教育规模和影响力最大、规格最高、专业覆盖面最广、类别最齐全的比赛，各省市每年都要举办各类中高职职业技能大赛，赛项逐年增加，选手从千名参赛到万人同台，国际化水平与社会影响力不断增强。职业技能大赛给各地职校选手提供了一个展示自我的舞台，也是职业院校师生追梦圆梦的舞台。与其说大赛是对学生技能进行考核，还不如说是从一个侧面对学校的教育教学质量进行考核，也是对教师的专业教学技能和教学水平以及综合素质的考核，因为它要求参赛选手既要有较深的理论知识，又要有较强的动手能力和新知识、新技术的获取能力，所以，技能大赛实际上是在呼唤高水平的“双师型”教师。

### （一）新征程上的摸索

#### 比赛场外的决心

林秀朋老师是广西机电工业学校数控技术应用专业的带头人，中专毕业后被分配到广西地质修造厂从事技术员工作，然后又回到广西机电工业学校从事实习指导教师工作，同时还在校办工厂承担对外加工业务。2006—2008 年，林秀朋老师多次参加了南宁市数控车工操作大赛并且取得了第一名、第二名的好成绩。尽管有了这么好的业绩，但是领导还没敢对他委以重任，让他以指导教师的身份来指导学生参加技能大赛。2008 年，他作为随队老师跟随学校的参赛队观摩自治区技能大赛，看到赛场外指导教师翘首以盼的身影，赛场上学生全神贯注、紧张有序地操作，他在心里暗下决心，自己也要成为一名指导教师，带领学生驰骋在赛场上。

第二年，他终于可以亲自挂帅督战了，他指导学生参加的广西中职

学生数控车工技能大赛，获得了一个一等奖、一个二等奖；指导学生参加的全国职业院校技能大赛中职组数控车工技能大赛，获得了一个二等奖；2010 年指导学生参加全国职业院校技能大赛中职组数控铣工技能大赛，获得了一等奖；2011 年、2012 年，指导学生参加广西中职学生数控铣工大赛，均获得一等奖。他的一个同事是这样评价他的：“林秀朋不是魔术师，却有点石成金之术。”

林秀朋老师从一名自卑的中专生成长为一名勤于钻研的研究生，从初级工评到高级技师，一共花了 15 年的时间，可想而知，他比常人付出了更多的汗水和努力。由于中职教育对老师的要求越来越高，林秀朋意识到作为一名中专毕业生，原有的文化知识及业务水平已经不能满足岗位的工作要求。自 2002 年以来，他每年都参加各种专业技能学习培训，平均每年有一个月的时间在企业研修、学习，自觉接受和学习新技术、新工艺、新知识、新方法。林秀朋老师在比赛场上实现了他的人生价值，实现了他的梦想，这得益于他在机器轰鸣的车间里有过摸爬滚打的经历，这段扎扎实实的车间一线工作成就了他一生的职教生涯。

## 初战告捷

汪薇老师是广西纺织工业学校服装设计与工艺专业的专业带头人，来校之前在南宁民族服装厂、广西服装研究所从事生产技术工作。2007 年 3 月接到指导学生参加 2007 年广西中等职业学校服装技能大赛的通知，这时距离比赛开始只有 2 个月的时间，比赛的内容是女士合体上衣制版和男士休闲裤制作。令汪薇老师担心的是，参赛的四个学生里面还有两个是一年级的学生，一年级学生的专业技能又怎么是那些二年级、三年级学生的对手呢？如何才能在短时间内把他们迅速拔高呢？接到任务后，汪薇老师到处收集服装图片资料，到处寻找样衣，从早到晚守着他们，对每一条结构线、每一道缝迹线都进行严格把关。从工艺上看，男休闲裤的制作难度并不算大，特别是裤腰头的工艺比起男西裤来说简单得多。汪薇老师想，有没有可能将男西裤的裤腰头工艺用到休闲裤上呢？她决定让选手训练一下这个高难度的工艺，这种裤腰头工艺，她在企业里面的流水线上看着工人成百上千地做出来，自己也亲自做过十余条，工艺流程再熟悉不过了。没想到，这次比赛的款式不是休闲裤，而正是男西裤！这场比赛，大部分的参赛学校大都在男西裤裤腰头制作上扣了很多分，但是汪薇老师的队伍却没有遇到这个问题。汪薇老师队伍中的黎儒静凭着她稳定的心理素质，高艺千凭着他良好的工艺基础，分别获得了广西第一名和第二名的好成绩，这是他们自己和指导教师汪薇无论如何也没有想到的。6 月底，他们代表广西队参加了在重庆举办的全国中等职业学校服装技能大赛，高艺千再次凭着他扎实而又娴熟的技能，获得了全国二等奖。而黎儒静由于缝制工艺比较薄弱，技术不稳定，没有获得奖项。选手面带成功的喜悦，将全国二等奖的奖杯高高举起，这里面凝聚了多少自己和指导教师的辛勤汗水啊。

英国的霍姆教授讲过："只有具有外科医生资格的教师，在外科手术室里才能培养出真正的外科医生"，只有具有实践经验能力和技能资格的教师，才能培养出高技能的人才。职业技能竞赛要求参赛选手既要有较丰富的理论知识，又要有较强的动手能力和新知识、新技术的获取能力。参赛选手的成绩如何，很大程度上取决于指导教师的指导水平，教学生"半桶水"，教师自己就要有"一桶水"的水平。由于竞赛紧紧地围绕各类企业的实际运作，这就要求指导教师必须具有企业一线工作经验。目前教师队伍中具有企业工作经验的教师不多，中职学校应该以此为契机，引领专业教师学习新知识、掌握新技能、不断提高自身业务水平。

## 严师出高徒

李文雄老师是南宁市第四职业技术学校汽修专业带头人，在汽修厂从事汽车维修工作十年有余。到职校学习汽修专业的大多是男生，他们在初中时贪玩不爱学习，是老师眼中的差生。这帮男孩子进了职校后更是上课旷课、迟到、打瞌睡、上课时互相讲话，课堂纪律很差，让每个上课的老师感到头疼。怎样才能用最短的时间把这帮"另类"管理得服服帖帖呢？李老师想出了一个办法。入学后，第一步是洗脑，把他们带去汽车维修厂和4S 店蹲点学习一周，让他们了解未来就业工厂的管理制度，每天集合队伍朗读员工日常工作守则和行为规范；第二步是回校强化纪律，结合专业特点，以企业的学徒培训制度进行管理：如针对工具使用安全制度管理进行教育；第三步是新生一进校，就把每个班的学生编成维护小组，二年级学生编成维修小组，轮流由专业老师带领对实训基地的设备进行常规的维护和维修。两年下来，学生不仅掌握了汽修技能，还养成了良好的职业习惯，这样做最大的好处就是，每年技能比赛通知一下来，集训的人选就马上可以从维修小组里面挑选出来。

李文雄老师曾在汽修厂当过技术负责人，非常了解汽修厂对毕业生的要求，他把自己在企业宝贵的工作经验带到了教学中和课堂上。他认为教育教学与就业有着密切的联系，学校的课堂专业教学一定要与工作岗位的技能训练紧密结合起来，既重视各类知识的学习和全面素质的培养，又重视专业素质和从业技能的训练。为了让学生掌握和提高实战技能，他不断提高自身的专业知识和技能水平，在常规教学管理工作中融入汽车4S店5S的管理理念，让实训课教师掌握5S管理的方法，让学生充分参与5S活动，调动学生的积极性。这系列的做法促进了实训车间环境与学生精神面貌的改善，使学生养成了良好的工作习惯，提前熟悉工作岗位的管理制度；同时还在技能比赛的集训过程中，要求参赛选手一丝不苟，认真细致，不放过任何一个细节，精益求精地完成每一个训练任务。

## 钻研与备战

2009年10月，林秀朋老师担任第二届全国数控技能大赛广西数控车工选手集训教练，学校购买了四台教学型数控机床备战大赛。林秀朋老师和其教练团队如饥似渴地给自己“充电”，下定决心无论如何要征服这四台陌生的“机器怪兽”。

林秀朋老师在电脑桌前一坐就是一整天，真正到了废寝忘食、痴迷上瘾的地步，有时遇到一个难题，绞尽脑汁，茶饭不思，甚至半夜两三点钟刚刚睡下，突然想到解决难题的办法了，也会马上爬起来，拿笔在桌上疾书。在机器轰鸣的车间里，林秀朋老师聚精会神地调试程序，用粉笔在地上细心地计算参数。通过林秀朋老师的刻苦钻研，庞大、笨重的机器就像是他延伸出的灵巧的手，把大块的原料按照图纸加工成设计精巧的零部件。

林秀朋老师每年参加各种专业技能学习培训班两次以上，熟练掌握980T、FANUC、西门子、华中等数控系统的操作技能，这为他得心应手地指导学生参加比赛打下了坚实的基础。

和林秀朋老师一样，汪薇老师在指导学生参加全国服装技能大赛中也遇到了新难题：自2008年以后，全国服装技能大赛的赛题出现了重大的转折，要求选手应用两个全新的服装专业软件——Coreldraw绘图软件和CAD制版软件完成赛题，而这两个软件汪薇老师从来没有接触过。那段时间，汪薇老师白天和选手们跟着CAD培训师一边学一边练，晚上回到家还要自学Coreldraw软件，争取用最快的时间掌握。经过一个月的埋头苦学，她就能熟练地使用这两种软件并且指导选手的训练了，2011年的全国赛内容又增加了应用日本新原型制版的要求，这种制版的方法也是在过去的工作中从未接触过的。汪薇老师找来大量日本进口的专业图书资料，做了一次次的试版研究，还到处向资深的专业人士请教。在经过无数个否定和肯定的意见后，汪薇老师逐渐摸索出了一套自创的日本新原型制版法。这套自创的制版法对于原来复杂的方法做了少许改良，在保证版型效果不变的前提下，学生学起来比较轻松简单。

以“学”促“赛”，以“赛”促“教”，指导老师必须先学会、学精比赛内容，然后才能从容地指导学生去参赛，去争冠亚军。林秀朋、汪薇等老师为了提高学生的参赛水平，自己坚持不懈地吸收新的专业理论知识，学习新技术、新工艺、新知识、新方法，开阔视野，及时更新教学内容，改进教学方法，提高教学质量。因此，在他们的身上，总有一种关注细节的精神，一种持之以恒的热忱，一种夜以继日的勤奋，一种锲而不舍的耐力，一种不断探索的执着，正是这些促使他们成了指导学生参加全国技能大赛获大奖的优秀指导老师。

### 理论和技能一样重要

许平老师在柳州第一职业技术学校工作了19年，他不仅是学校汽车工程专业部的学科带头人，还兼任柳州市汽车维修行业协会秘书长。

来学校前他在柳州机械厂车间一线工作过，在柳州发动机厂做过职工的岗位培训。

从2013年开始，全国技能大赛不再是单一的技能操作考核，开始融入理论知识部分，其中理论占20%，实践操作占80%。许平作为指导教师，他意识到选手要想在该项目中获得理想的成绩，理论和实践操作都必须重视，都要均衡发展。理论考核的知识面很广，包括汽车理论基础、机械制图基础、电子电工学、加工材料学、汽车底盘、发动机、电子控制系统等汽车专业知识以及汽车专业英语等。现在，中职学生的知识构成和理论基础比较薄弱，理论学习对选手来说是一大难题，如何在短时间内把他们的理论知识补上来？许老师搜集多方面的资讯，向其他教师请教相关专业知识，编辑相关的题型、建立题库供学生学习和考核，有计划地辅导选手对相关的题型和知识进行归类总结。选手复习考试大纲要求的资料和模块课程知识，借助快译通学习专业英语；并把通过努力仍然不能解决的难题记录下来，与指导教师一起研究、讨论。有时，对于一些碍于面子不懂装懂的选手还得分开来一对一地辅导，这样能及时发现问题。

扎实的理论基础和实战技能既需要指导教师的专业指导，又需要选手的刻苦用功。理论知识靠平时日积月累才能到达一定的高度。一些学生不理解题目的意思，只能采用死记硬背的方法来背理论题；而许老师认为理论知识一定要采用理论结合实践讲解，把原理讲通了就可以更好地消化枯燥的理论知识。这几年，许平老师通过指导大赛，在教中学，在学中做，努力使自己成为既有理论又有丰富实践经验的教学名师；站在讲台上是一个传道、授业、解惑的专业教师，在行业、企业中又是一个能够解决实际问题的技术顾问。

## （二）拨开云雾见月明

### 成功背后的秘密武器

从2010年开始后的每一年，全国的服装技能大赛的命题内容中都出现了“时尚”两个字，也就是说，大赛考核的一定是服装款式是否紧贴市场，具有时尚、个性与风格，符合现代审美要求。翻开手上现有的教材，看到的款式已经是十几年前的老古董，不要说是 90 后的学生不喜欢，连中年教师们也提不起兴趣。对于一个 16 ~ 17 岁的中职生来说，审美情趣和审美能力远远不够，急待提高。怎样才能让选手们在短时间内捕捉到时尚的感觉，提高他们的审美水平，汪薇老师把自己在企业做设计师时的妙招用到了集训中，想尽了各种办法多管齐下：她隔三岔五地带领选手们到各大女装商场、专卖店去看衣、试衣甚至偷拍，到不同的面辅料市场看料摸料；这种职业习惯会经常遭到导购员的好奇盘问甚至驱赶。此外，她还在各种专业网站上大量下载各式图片资料和电子专业书籍；让开服装店的朋友找来一袋袋的时装样板；发动全校的女教师把自己的时装借来作样板等。每次回来后，选手们都会把到市场采集到的与竞赛有关的服装图片资料和流行信息、流行的款式特点、分割线造型、领型、袖型、袋型作归纳总结。在汪薇老师的“狂轰滥炸”下，选手们慢慢地对时尚两字有了感觉，他们基本能判断出哪些款式是有用的，哪些款式不属于考试的范畴。在连续多年的比赛中，汪薇老师“押题”的准确率高达 70%。有同事开玩笑地对她说：“你手上一定藏有一本葵花宝典，怎么每次都被你猜中？”

汪薇老师来自企业生产第一线，非常了解企业各部门的工作过程和工作方法，企业的工作经历让她指导比赛时游刃有余，她把一些职场中的秘密武器带进了大赛的指导中，而且开动脑筋去对待每一件棘手的事情，这里面需要的不仅是经验，更多的是需要胆识和勇气。这是一名职业教师必备的职业素养。学生在长期的耳濡目染中，慢慢地也从教师的身上学会了这种职场生存本领，为以后的职业生涯奠定了良好的基础。职业学校要对学生进行生存本领教育，培养学生适应不同环境、自主解决问题的能力。一个人不可能在一个固定的环境中生活，在学习和工作中，教师应该大胆放手让学生自己管理自己，给每一个学生提供展现自己的机会；鼓励和引导学生参加各种活动，在教学中设计一些“难题”，让他们独立分析、判断和解决。

### 三人行，必有我师

2009 年，广西纺织工业学校参加全国服装技能大赛的有三个学生选手。三个选手各有各的优势：学生黎儒静对女装版型的理解和结构设计比较擅长；学生胡晓玲的电脑款式绘图和手绘图感觉比较到位；学生郭俊杏则是服装制作工艺水平比较高。汪薇老师要求这三名学生互相帮助合作学习，黎儒静从胡晓玲的身上补足了她美术绘图的弱项；胡晓玲则从黎儒静的身上补足了她结构设计的弱项，同时还从郭俊杏的身上补足了她制作工艺的弱项；郭俊杏则从胡晓玲的身上也补足了她美术绘图的弱项，三个学生齐头并进，在全国大赛中取得了三个二等奖的好成绩。

技能大赛可以拓展学生的视野，丰富学生的知识，提升学生的综合素质；它不仅考验选手的专业技术，还考验选手的心理素质、沟通能力和团队精神等。三个选手之间是种朋友式的合作学习，无论是从时间还是从空间上来讲，他们互相学习、互相纠错、共同进行学习成果展示的过程，也让他们慢慢地适应了这种竞争与合作的关系。实践证明，汪薇老师采用的这种合作学习形式的教学效果是比较理想的。学生之间的互帮互带，能相互取长补短，培养学生的合作进取精神，发挥学生之间的帮带作用，让技能好的学生帮助技能稍弱的学生，让学生成为主体，加强学生之间的交流，不仅可以培养学生积极进取、敢于拼搏的精神，还可以培养学生良好的合作精神，缩小成员之间的差距，同时还活跃了紧张沉闷的训练气氛。

### 解决小问题需要大智慧

陈新老师是玉林市机电工程学校汽修专业的专业学科带头人。大学毕业后在汽车修理厂做了三年工人；三年后又开了一家修理厂；到校后又兼任了玉林市新加林汽车维修服务有限公司的技术总监。2011 年他带领学生参加了自治区空调项目技能大赛。由于空调大赛是第一次举办，大赛指定的所有集训设备投入费用较高。当时学校一下子拿不出钱买设备。没有任何设备，怎么比赛？陈新老师在看完一段比赛培训的视频后突然有了灵感，为何不能自己模拟制作一台空调机？于是他参照视频中那台设备的样子，用纸箱糊出来一台洗衣机大小的模拟设备，装上滚轴后就拿来给学生训练了。虽然模拟机和真实机有一定差距，但学生在指导教师的要求下，每天认认真真、一遍又一遍地训练，慢慢地熟悉了这个模拟设备。比赛那天，由于很多学校也没有购买这种设备，那些学生一点也不熟悉设备的使用，而陈新老师指导的学生却毫不怯场，大胆熟练地操作真正的设备，并且顺利地拿到了三等奖。这个奖项虽然不算太高，但它是唯一一个没有花过一分钱的奖项。

学生的成长离不开指导教师的辛勤栽培，参赛选手取得的成绩凝结了指导教师的汗水和智慧。学生从指导教师的身上看到的不只是高超的技能，更多的还是应变的智慧。陈新老师以机智多变的教学方式和大胆创新的思维方式征服了他的学生。

苏联教育家马卡连柯说过："教育的技巧在于应变。"在一些出乎意料的情形出现的时候，教师就要灵活运用知识，机智地作出判断。如果一名职校教师具有较好的应变能力，在其授课中就能从容不迫，随机应变地组织教学，即使课堂上出现意想不到的情况，也能临"危"不乱，采用恰如其分的方法与妥善的手段解决问题。教育智慧是一种内在品质，表现为尊重生命、关注个性、崇尚智慧、追求幸福。教育智慧是教师整体素质的核心，决定着其教学工作的状态、质量和水平。智慧型的中职教师就应该能够综合运用多种要素，在教育教学实践中机智地应对各种新问题、新情况，并在实践中不断提升其教育智慧。

**授之以鱼，不如授之以渔**

在女装结构中有大量涉及省道转移的内容。汪薇老师觉得在讲解纸样时，选手会对省道转移时合体度相同的衣片是同角度转移的这个概念难以理解，所以汪薇老师就引导学生在集训室对着人台进行立体裁剪，让选手动手操作，在同一人台上作出基础省道，然后把基础省道不同位置进行转移。对于遇到一些较高难度的结构线设计时，汪薇老师鼓励他们反复用白胚布在人台上进行立体裁剪做版型实验。通过这些实操训练，选手就对省道转移和版型设计这些概念有了完整的认识，此时汪薇老师再进行更深层次的讲解，选手就能轻松地掌握这块内容。

"授之以鱼，不如授之以渔"，作为一名指导教师，应该让学生懂得如何捕鱼。中职生大多是被动地学习，机械式地接受知识，因此许多教师总是担心中职学生学得不够多、不够深，恨不得什么都教，其结果是自己很累，学生成绩还得不到提高。其实在技能竞赛指导过程中，指导教师应先引导学生探究问题，寻找答案，然后让学生主动进行探究，充分发挥学生技能操作的优势；要充分创设各种教学情境，有效地促进中职学生主动参与教学的全过程，能让学生自己完成的，尽量让学生自己做，这样不仅能提高学生的学习兴趣，同时也增强了学生的实际操作能力；在教师的启发和诱导下，充分调动学生的自觉性、主动性和积极性，发现问题时必须及时找出原因并想办法解决，对选手在集训过程中出现的实际困难要进行引导和处理，使学生"爱学""要学""会学"；动脑、动口、动手；学得有趣、学得主动、学得扎实、学会运用，从而提高学生的主体意识，培养学生自主发现的能力。

作为选手和指导教师，他们要求自己超越以往参加自治区、全国比赛取得好的成绩的选手，在比赛中要展现完美的风采，在技能上要做到无懈可击、精益求精，在职业素养上做到最优，心理素质上做到最强。林秀朋老师说："我们每个参赛项目的训练，都是稳中求快，每个项目的每个环节都有重重检核，以防出错，力争做到速度最快、成果最好，我们训练讲究的是苦干、实干加巧干，只有这样才能在比赛中稳扎稳打，在众多强队中立于不败之地，要实现一个共同的梦想，就必须全力以赴，追求一个完美的结果。"他的这番话中蕴含着一种精神——追求完美，超越自我，精益求精。师徒们用自己的行为为全校师生树立了一种精神的标杆。

汪薇老师在指导比赛的过程中发现，中职服装专业教材里采用的许多款式早已陈旧过时，与市场严重脱节；教材里采用的制版方法和制作工艺的方法也与企业的要求和标准相差甚远。事实上服装业是发展最迅速的行业，永远走在时尚的前列，服装的款式千变万化，服装专业教材的编写永远跟不上服装行业发展的步伐，陈旧过时的教材无法传授给学生目前服装企业生产实践中最重要、最实用的知识和技能——这就是我们的学生无法很快适应企业生产第一线的一大原因。如果教学只停留在现有的教材上，在以后的实践操作中，面对远远超出书本和教学的陌生的新知识、新技术，许多学生会不知所措、无从下手，也会使他们失去学习的兴趣和积极性。

同样，林秀朋老师、许平老师也都意识到了教材滞后问题的严重性。于是，作为专业带头人的他们率先带领全系专业教师编写了适合自己用的校本教材，他们到市场、行业、企业、高职院校进行调研，听取了企业的技术、管理人员的意见，收集了大量的企业资料和图片，整理出每年技能大赛的赛题题库，用了近一年时间反复修改整理，写出了真正符合企业需要，真正能够使学生学以致用的实用型校本特色教材。

经历了多年赛场的洗礼，林秀朋老师和汪薇老师等一批来自企业一线的指导教师们深深地意识到专业教学改革的迫切性和必要性。他们作为专业带头人，肩负重任，走在课程教学改革队伍的前列，在各自的学校做出了大胆的教改尝试。

第一，根据职业岗位对高素质技能人才的需要并结合技能大赛的要求，不断进行课程与教学内容改革，在日常教学过程中注重与大赛项目的融合，根据技能大赛项目的考核内容、考核要求及评价标准，参照职业标准，按照工作过程系统化重构课程体系，更新教学内容，改进教学方法；通过汲取技能大赛内容和标准对原有的课程及教学内容进行改造，提炼、并转化为教学内容，重构专业特色的项目化课程体系，在每个专业方向课程中植入一些大赛课程，有一些课程直接以大赛项目名称命名，确定了不同方向的一体化课程。

第二，技能大赛为专业找到了项目化教学改革的切入点，吸收了行业发展的前沿技术，反映了最新的职业技能要求和行业对技能型人才的需求，也赋予了专业教学新的内涵，起到了示范教学的作用。采用“教、学、做”一体化的教学模式，在教学方法上更广泛地采用项目式、情境式、案例式、任务式等教学方法。按照职业活动的程序、内容和规范实施实训教学，把每一个实训项目都当作岗位工作任务来要求和训练，使学生的知识在训练中得到巩固和升华，技能得到提高，作业得到规范。通过汲取技能大赛内容和标准对原有的教学项目进行改革、提炼，不断补充和完善项目教学，推进竞赛内容的普及化教育。

运用现代信息技术教学手段，打破传统的“以教师为中心，以课堂为中心，以知识为中心”的模式，遵循实践性、过程性、主体性的原则，实现由遵从教材的被动学习到指向职业行动的自主学习的转变和从单纯的知识技能学习到综合知识和复合技能学习的转变。

遵循整体性、全面性原则，注重教学的“多元化、多方式”评价，改变以考试成绩一锤定音的评价方式，注重学生职业学习全过程中的学习态度、学习能力、职业素养、技能水平的整体评价。建立切实有效的鼓励机制。在教学评价上，突出以诚信、敬业为重点的职业道德的评价和学习能力、就业能力、创业能力的评价，改变重结果轻过程的传统评价方式，注重过程评价，改革传统单一的评价方式，提倡考试方法多样化，注重学生学习过程中的竞赛、作业、参加各种职业活动的能力、成绩和证书等，并进行综合评价。如通过“考、评、鉴、赛、赏”等方式全面考核学生的综合水平。

在林秀朋、汪薇、许平、陈新、李文雄等这些指导教师们默默奉献的身影里，可以看到那么多平凡的孩子梦想开花，他们走出中考失意的阴霾，登上全市、全省乃至全国的领奖台。那些大红的证书、熠熠生辉的奖杯、绚丽的花环里包含着每一个老师耐心的守望。

作为广西机电工业学校数控技术应用专业的带头人，林秀朋老师在专业人才青黄不接时，迎难而上，勇挑重担。他用自己的言行感动着身边的教工，带领大家奋力前行。每年一到技能大赛集训阶段，以校为家、熬夜加班便是林秀朋老师的家常便饭，他几乎放弃所有的节假日，全身心投入到指导竞赛中。他指导的学生曾荣获南宁市、广西、全国各级数控大赛一等奖、二等奖，共荣获各类奖项 20 多项，成绩突出。他连续 10 年被评为学校“十佳教师”，被区劳动及社会保障厅、区工委等部门授予广西技术能手称号；被南宁市劳动及社会保障厅等部门授予“南宁市技术能手称号”；10 年来，林秀朋老师每学期的工作量折合课时为 450 学时左右。他坚持做到教学方法多样化，在了解学生原有的知识技能基础上，从学生实际出发，做到因材施教，努力提高教学质量。在教学中，自己既是授业者也是管理者，一切为学生、为学生的一切。

以家长满意、学生满意、学校满意的标准来要求自己。虚心向有经验的老师学习，博采众长，不断提高操作技能及教学能力，努力做一名受学生欢迎的教师。林秀朋老师多次讲授了学校组织的公开课和教育厅组织的公开课，得到了较高的评价，评分均在90分以上。

柳州市第一职业技术学校汽车工程专业部带头人许平老师，多次指导学生参加自治区、全国技能大赛获得一等奖和三等奖，多次担任“全国职业院校汽车营销技能大赛”裁判和其他赛事的裁判长，兼任柳州市汽车维修协会秘书长，“汽车营销与后市场行业国家职业标准编审委员会”专家，在柳州市速利汽车服务有限公司挂职技术副厂长。许平老师以敏锐的专业发展眼光把握内涵建设的关键，率领汽修专业教师群体深入企业，深入调研分析现代汽修企业职业岗位特点，切实理顺“专业和产业、专业和职业、学标准和职业标准”之间的关系，并把多年来的技能竞赛内容进行汇编，引入其主编的专业教材中；此外，许平老师还积极投身于全国、自治区的教研教改活动中，把多年来对各种技能竞赛的体会、总结和反思写成论文，并主持参与多个教研教改项目。

广西纺织工业学校服装专业的带头人汪薇老师连续7年指导学生参加全区、全国技能大赛，获得10个自治区一等奖，8个全国二等奖的好成绩，她2次获得“全国职业院校技能比赛优秀指导教师”称号，5次获得“自治区职业技能比赛优秀指导教师”称号。她每年都要负责校级节能竞赛方案的设计、设计赛场的规划和设备调试；制定全区、全国技能竞赛的集训方案；总结当年的技能竞赛成功经验和失败的案例分享给系部的年轻教师们；还将当年的技能竞赛赛题方向引进课程、教材、工作任务书中，积极探索课程内容改革，悉心研究具有个性特质的“基础认识—技能训练—产品模拟”的教学模式。汪微老师结合大赛项目任务，将《女装版型设计》《服装CAD版型制作》《女装样衣制作》3门课程融入不同岗位方向的课程中，探索推行项目任务贯联教学模式，使学生在完成课题和项目的过程中总结出良好的学习方法与途径，在实践中积极探索，勇于创新，不断增强实践能力与经验，在具体的操作与实践过程中，培养分析问题与解决问题的能力。2013年11月她在灵川职业技术学校、桂林职业教育中心开展了示范教学课，2014 年 6 月她在广西纺织工业学校数字化实训室开展了自治区示范课教学，为来自全区各地中职服装专业一线教师展示了今后实践性课堂教学内容改革和教学模式变革的发展方向。汪薇老师凭借深厚的专业素养、高超的驾驭能力，给每一个听课者留下了深刻印象。

## 与高职高专同台竞技，一鸣惊人

纵观全国，开设染整技术专业的中职学校甚少，因此一直没有举办全国中职学校染整技术技能的赛事。而全国高职高专院校已举办了六届染色打样工技能大赛。如何展示中职染整技术专业学生的专业技能呢？广西纺织工业学校作了一个大胆的决定：组队参加第七届全国高职高专院校染色打样工技能大赛。此时，离比赛时间仅有一个多月，时间十分紧迫。刘仁礼老师“临危受难”，肩负起指导学生训练的重任。

万事开头难。没有任何指导和参加全国大赛经验的刘仁礼老师，在组建参赛队时才发现接受过染色打样训练的 2012 级学生已赴企业顶岗实习，无法返校参加集训，而本学期开学刚步入二年级的 2013 级学生还没有学习专业课程，也没有受过染色打样技能训练，要在一个月内把“生手”训练成为可在全国高职高专院校技能大赛中获奖的“高手”，简直就是天方夜谭。何况比赛内容除了操作技能外，还有染整技术专业理论考试，对于文化基础较为薄弱且还没有学习过专业课程的中职学生而言，更是难于上青天。

刘仁礼老师针对集训学生的学情，制定了一套技能和理论同步训练的方案。他深知，要获奖，就必须要树立中职学生的自信心。他与集训学生共同分析了中高职学生同台竞技的意义和利弊，强调染色打样的核心技能——调色技能是与学历无关的，只与每个人对颜色的敏感程度有关，中职学生只要加强理论学习和强化技能训练，与高职学生争夺奖项的可能性是存在的。受到鼓励的学生对全国大赛充满了期待，训练起来也信心大增，干劲十足。曾在企业长期工作而积累了丰富实践经验的刘仁礼老师，使出浑身解数，每天从早到晚，全身心地投入训练指导中，他与集训学生一起，放弃了周末休息时间，加班到点地训练。因参赛名额只有5个，他原本打算边训练边进行末位淘汰的，但参加集训的学生几乎每天都有人“知难而退”，人数从当初的20人渐渐减少到了5人。他已无法也无需淘汰选手了，只能全心全意地边鼓励、边训练一直坚持的5名学生。做每一件事都信心十足的刘仁礼老师，对5名即将参赛的选手说：“一分耕耘就会有一分收获，或许我们会创造一个奇迹！”

2014年10，第七届全国高职高专院校染色工技能大赛在福建三明职业技术学院举行，来自全国的二十余所中高职高专院校（广西纺织工业学校是参赛院校中唯一的中职学校）一百多名中高职学生进行了理论和技能的激烈角逐。比赛结果揭晓时，令组委会和许多院校大吃一惊的是，第一次参赛的广西纺织工业学校代表队竟然获得了团体二等奖、3个二等奖、1个三等奖、1个优秀奖的好成绩！刘仁礼也获得优秀指导老师的称号。中职学生与高职学生同台竞技获奖的意义超出了技能大赛本身，刘仁礼老师和他的5名学生用实力印证了“中职学生也能成才”的信条！获奖的1名学生感慨万千，她说：“之所以能成功，不是因为战胜别人，而是因为战胜了自己！”刘仁礼老师从全国大赛获奖中得到了更多的启迪，更坚定了从事中职教育的信心！

通过指导技能大赛，这些具有企业背景的职校教师们在各自的岗位上实现了他们的价值。每一名指导教师身上都有感人至深的故事。他们中有“教学能手”“教研先锋”“优秀班主任”，他们从不轻言放弃，专业素养和职业技能同步协调发展。他们坚守在职教这方热土，立足本职、埋头苦干，自觉做到爱岗敬业，爱生乐教，正是因为他们的无私付出，才实现了今天的美丽蜕变。他们在教会学生技能和本领的同时，将梦想透过教育传递给每一个学生。更重要的是他们教会学生为梦想努力奋斗，激励着学生为追逐梦想不断攀高争先。

## 小　结

职业教育需要大批既懂教育教学规律，又具有较强的实践能力的“双师型”教师，同时也期望一批优秀的“双师型”骨干教师成长为颇具影响力的专业带头人或教学名师，以引领中职教育的发展。

企业背景教师的特殊企业经历，使他们积蓄了更多的能量，经过转型之后，他们成了名副其实的“双师型”教师。他们在教育教学、专业建设、校企合作、教改教研、技能大赛指导等方面，都可圈可点，并具有很大的成长空间。蜕变，即是蛰伏、转型后的飞跃和质变。企业背景教师的蜕变，使他们将成为职业教育战线的中流砥柱。他们在职业教育事业发展中，无疑起着举足轻重的作用。

企业背景教师的蜕变，不一定要面面俱到，样样精通，只要在某些方面大有建树，就算成功了。企业背景教师在 5 年的名师工程培养中，有的在专业建设、实训基地建设方面卓有成效；有的在教研教改方面成绩斐然；有的在全区全国大赛或指导学生竞赛中出类拔萃……他们距离职业教育教学名师仅有咫尺之遥。期望他们能坚定职业教育理念，继续在职业教育战线上锐意进取，不骄不馁，再接再厉，百尺竿头，更进一步，从而变成具有自己教学特色和职业教育思想、引领中职教育向前发展的教学名师！

# 结束语

通过对广西中职名师培养对象中具有企业背景的专业教师成长轨迹的研究和剖析，折射出了许多值得职业院校专业教师学习的东西，为职业院校的师资队伍建设、教师专业成长，提供了经验借鉴和参考。从企业聘请骨干技术人员或技师、能工巧匠来职业院校任教，将是优化职业院校师资结构、提高“双师型”教师素质的一大突破口。

在企业工作的实践经历，为“双师型”教师积攒了丰富的行业和专业经验。他们对本行业和专业一线生产、管理和岗位要求了如指掌。他们不仅熟悉设备操作技能，而且实际工作和动手能力都很强，这才有了后来的厚积薄发；在职业教育迅猛发展的今天，这种经验、能力和素质显得尤其珍贵。具有企业背景教师的成长实践证明，付出与收获是成正比的，他们在企业锻炼的吃苦耐劳精神和质量意识、专业能力和创新能力，为他们在学校开辟出一片新天地作了充分的积累，一旦能量得到充分释放，他们便成长为专业建设的骨干和带头人、承担科研开发的挑梁人、指导技能大赛的领头雁，如果没有他们先前在企业的蛰伏，这些成绩恐怕也是较难取得的。具有企业背景的专业教师的成长的过程，如蝉一样，经过了在企业的“蛰伏”阶段及初到学校的“转型”阶段，在战胜困难、适应职业教育及至成为行家里手后，最后“蜕变”成为真正意义上、名副其实的“双师型教师”甚至是教师名师。

“路漫漫其修远兮，吾将上下而求索”，具有企业背景的教师，在从教的道路上，饱尝酸甜苦辣，冷暖自知：初上讲坛，教然后知不足；从知道“教什么”，到学会“如何教”，再到探索“如何有效地教”；以德育人，智慧育人，扬长避短，教学相长。教海无涯，道无止境，在追求名师的道路上，他们将不断更新自己的知识结构和技术水平，密切关注企业行业的发展，适应市场需求，不断提高自身的教学能力和科研能力，在职业教育的光明大道上，不断前进。

“见一叶而知深秋”“窥一斑而见全豹”“观滴水可知沧海”，本书虽然以广西中职名师学员中企业背景教师个案为例，但他们成长的路径值得无数在职业教育战线上默默奋斗的企业背景教师群体借鉴。他们可以根据专业特点和个人具体情况，尽快完成转型，走向蜕变，成就人生的梦想和辉煌。

在此，我们也希望国家给予从企业引进专业教师更多的优惠政策，营造更多有利于职业教育发展的气氛和环境，吸收更多的企业技术骨干人员或能工巧匠投身到职业教育中，同时也鼓励和引导更多的即将毕业或已毕业的大学生没有思想顾虑地先到企业蛰伏，积累一定的实践经验并练就专业技能，养成良好的职业素质和身心素质后再转型职业教育，再走教师专业化发展之路。尽管这是一条充满挑战的人生发展道路，但无疑对我国职业教育的长远发展具有积极的促进作用，也有利于个人事业的发展。

# 后 记

在我们参加广西中职名师培养工程的五年学习即将结束之际，回想“漫长”的学习和培养过程，早已没有了当初的“激动”，更多的是对五年以来自己成长的反思和总结。当有人问，成果呢？成为名师了吗？我们不禁汗颜。五年来，我们一直在思索：何为中职名师？如何成为中职教学名师？五年来，我们在努力中不断成长。

本书编者有着许多相似或共同的经历：曾长期在企业工作，后转型进入中职学校担任专业教师。即都是先下企业后上讲坛，由技师转型成了讲师，由骨干教师成长为专业带头人、广西壮族自治区中职名师培养对象……而在“名师班”的一百名学员中，我们也发现了十多位学员有着与我们极为相似的经历，而且他们比我们更出色。由此，促使我们思考企业背景教师成长路径及其隐含的必然规律，我们对此十分感兴趣，于是就有了写作的冲动，书名暂定为《从企业到讲坛，从技师到讲师》。没想到，这得到了广西壮族自治区中职名师工程领导小组办公室及广西师范大学职业技术师范学院专家和领导的大力支持。想法是好的，但真正写起来我们发现，要写这么一本有高度的“专著”困难重重，三个“臭皮匠”凑在一起，列个提纲也需要绞尽脑汁，到底以何为主线、以何为主旨，意见难以统一。于是，我们虚心向广西师范大学徐玉莹教授请教，她给了我们许多启迪。广西师范大学职业技术师范学院的文萍院长对我们专著写作提出的建设性意见更是高屋建瓴，把我们引出了“自传”的误区。

在讨论写作提纲时，我们遇到了似乎无法突破的瓶颈，思想也几乎凝固了。我们只好把粗略的提纲发给我们的导师——国家级名师彭朝晖教授，并致电向他说明了我们的困惑。彭教授在百忙中抽出宝贵时间研读了我们的提纲，两天后给我们发回了题为《蛰伏　转型　蜕变》的修改建议。彭教授与我们心有灵犀，他用三个颇有意境的词语高度概括了我们这本专著的主旨。我们三人眼前一亮，豁然开朗，当即一致同意将本书名改为《蛰伏　转型　蜕变》。

书名确定后，我们在桂林的卧佛山下，重新梳理写作提纲，将在企业的经历归入蛰伏篇，将刚进入职业院校近几年的种种经历归入转型篇，将升华阶段归入蜕变篇，并在前面加了引言。结构已定，分工写作。在写作过程中，具有企业经历的名师班学员文旭东、李文雄、许平、林秀朋、江帆、黄天明等老师为我们提供了大量的素材。在收集写作素材的过程中，这些名师班学员的成长经历令人感慨，而大家在工作都十分繁忙的情况下，对我们的写作都给予了大力的支持。在我们写作即将收官之际，禁不住要表达我们的感激之情，令人感动的事历历在目：陈新老师因白天工作太忙，他抱歉地说，没有时间写成文字了，只能每天凌晨回到家后才能口述他的经历和感悟，并录音后发电子邮件给我们。而聆听了他在夜深人静时录下的珍贵录音，我们更能真切地体验到企业背景教师成长的酸甜苦辣和坚定的信念，他以实际行动表达了对我们这本书的大力支持。

在写作完成初稿之后，彭朝晖教授对我们的粗稿认真阅读，以“批判”的严谨态度提出了中肯的修改意见和建议，在原来的基础上做了修改，依然无法达到彭教授要求的高度和境界。因此，在交稿之时，我们仍心怀忐忑。

衷心感谢广西纺织工业学校的林嘉碧老师，她为我们做了文字上的修饰；衷心感谢广西中等职业学校名师工程领导小组办公室的张兴华主任及她的助手童安安，在我们写作最艰难的时候提供了很多帮助；衷心感谢广西师范大学职业技术师范学院的文萍院长、陈治平副院长及广西师范大学徐玉莹教授，特别感谢我们的导师——广西交通职业技术学院的彭朝晖教授，如果没有他们的指导和鼓励，我们甚至没有勇气去完成本书的写作！

# 参 考 文 献


[1] 文萍，等．站在新起点的反思——广西中职名师培养工程学员成长反思录［M］．北京：教育科学出版社，2013.

[2] 石美姗．中职学校教师通用能力标准与专业发展［J］课程·教材·教法，2007（9）．

[3] 李智．浅析中职学校教师的职业道德素养［J］教师，2012（23）．

[4] 林坚，等．科学素养和人文素养的整合［J］科普研究：增刊，2011（2）．

[5] 张丹．浅谈如何提高教师的文化素养［J］中国校外教育：中旬，2012（6）．

[6] 张静静，等．教师在教学中如何提升服务意识［J］中国校外教育：中旬，2013（4）．

[7] 邵建东．高职教师职业教育教学能力的现状及提升策略［J］职教通讯，2010（12）．

[8] 教育部. 国家中长期教育改革和发展规划纲要（2010—2020 年）［EB/OL］. http：//www. moe. edu. cn/publicfiles/busi—ness/htmlfiles/moe/moe—177/201008/93785. html. 2010.

[9] 梅新坤．对中等职业学校“双师型”教师队伍建设的思考［J］新课程：下，2011（8）．

[10] 隋亚荣．加强“双师型”教师培养、提高中职教师素质［J］中国民族民间医药杂志，2010（11）．

[11] 韦焕能．中职教师应具备的三种能力［J］管理观察，2007（7）．

[12] 张体勇．高职院校青年“双师型”教师队伍建设策略研究［J］商情，2014（9）．
[13] 曹晔，等．我国中等职业教育教师资格制度的历史与现实［J］职教论坛，2011（9）．
[14] 杨春芳．我国职业教育教师资格制度的反思与重构［J］职教论坛，2009（25）．
[15] 孙建波．兼备企业背景的职业院校教学名师成长个案研究——以宁波职业技术学院专业课教师C老师为例［J］职教论坛，2011（31）．
[16] 张泽民，等．中等职业教育专业课教师专业化内涵研究［J］黑龙江教育学院学报，2008（27）．
[17] 王少非．新课程背景下的教师专业发展［M］．上海：华东师范大学出版社，2005.
[18] 姜大源．职业教育学研究新论［M］．北京：教育科学出版社，2007.
[19] 仲伟杨，等．浅析企业实践制度对职校专业师资队伍建设的作用［J］职校论坛，2010（27）．
[20] 寇淼，等．中职工艺美术专业教师企业经历的作用探析［J］职教论坛，2014（24）．
[21] 宋嘉玉，等．企业工程师到高职院校教师转型的思考［J］职业教育研究，2011（11）．
[22] 刘仁礼．一张出门条和一无诚金［J］教育学，2014（56）．
[23] 刘育锋．当前国际主流职教教学改革对职教教师职业能力提出的新要求［J］中国职业技术教育，2008（39）．
[24] 万晓定．探索职业教育职能发挥职业教育作用［J］管理观察，2012（1）．